# Sexe, genre et sexualités

Introduction
à la théorie féministe

Philosophies

*Presses Universitaires de France*

# Philosophies

*Collection fondée par*
*Françoise Balibar, Jean-Pierre Lefebvre*
*Pierre Macherey et Yves Vargas*
*et dirigée par*
*Ali Benmakhlouf, Jean-Pierre Lefebvre*
*Pierre-François Moreau*
*et Yves Vargas*

ISBN 978-2-13-055889-7
ISSN 0766-1398

Dépôt légal — 1re édition : 2008, juin
1re édition, 5e tirage : 2014, avril

© Presses Universitaires de France, 2008
6, avenue Reille, 75014 Paris

# Sommaire

**5  Introduction**

**9  Épistémologies féministes**

Le personnel est politique, 9
Des épistémologies du point de vue à l'éthique du « *care* », 15
Qu'est-ce que l'objectivité en science ?, 24

**33  Historicité du sexe**

Archéologie du genre, 33
Le sexe (M/F) : un obstacle épistémologique, 43
« Le genre précède le sexe... », 48

**55  « Nos corps, nous-mêmes »**

... mais la sexualité précède le genre, 55
« Mon corps m'appartient », 64
« Les lesbiennes ne sont pas des femmes », 73

**79  Le sujet politique du féminisme**

« Sexe », « race » et « classe » : comment penser la domination ?, 79
Le genre et la couleur de l'empire, 88
Genre et postcolonialisme, 93
Les deux corps du Père, 100

**109  Philosophies de l'identité et « praxis queer »**

« *Praxis queer* » : subversion ou subjugation des normes ?, 109
Judith Butler : si tout est construit, alors..., 115
Le concept de « puissance d'agir », 122

**131  Technologies du sexe**

Sexe « naturel », sexe « artificiel » : *Gode saves the king*, 131
La technologie pornographique ou la « vérité du sexe », 138
La police du réel *vs* les politiques trans, 147

Ce livre a reçu le soutien de l'Équipe d'accueil « Philosophies contemporaines » (Université Paris 1 Panthéon-Sorbonne) et de l'ANR-07-JCJC-0073-01 « Biosex ». Tous mes remerciements vont également à mes premiers lecteurs : Pierre-François Moreau bien sûr, mais aussi Hélène Rouch, Éric Fassin, Michel Tort, Maria Puig de la Bellacasa, Grégoire Chamayov et Cécile Chaignot.

## Introduction

> « On ne naît pas femme : on le devient. Aucun destin biologique, psychique, économique ne définit la figure que revêt au sein de la société la femelle humaine ; c'est l'ensemble de la civilisation qui élabore ce produit intermédiaire entre le mâle et le castrat qu'on qualifie de féminin. Seule la médiation d'autrui peut constituer un individu comme un *Autre*. »
>
> Simone de Beauvoir[1].

Le sexe désigne communément trois choses : le *sexe* biologique, tel qu'il nous est assigné à la naissance – sexe mâle ou femelle –, le rôle ou le comportement sexuels qui sont censés lui correspondre – le *genre,* provisoirement défini comme les attributs du féminin et du masculin – que la socialisation et l'éducation différenciées des individus produisent et reproduisent ; enfin, *la sexualité,* c'est-à-dire le fait d'avoir une sexualité, d' « avoir » ou de « faire » du sexe.

Les théories féministes s'attachent à la problématisation de ces trois dimensions, de ces trois acceptions mêlées du sexe. Elles travaillent à la fois sur les distinctions historiquement établies entre le sexe, le genre et la sexualité et sur leurs relations. S'agit-il d'une relation de causalité – le sexe biologique détermine-t-il le genre et la sexualité ? D'une relation de simultanéité non contraignante entre le

---

1. Simone de Beauvoir, *Le deuxième sexe,* I, Paris, Gallimard, 1949, p. 285.

sexe biologique, d'une part, et l'identité sexuelle (de genre et de sexualité), d'autre part ? S'agit-il d'une relation de normalisation ? L'hétérosexualité reproductrice, en tant qu'organisation sociale dominante de la sexualité, est-elle la norme légale, sociale, mais aussi médicale, à l'aune de laquelle les catégories de sexe, comme de genre, peuvent être examinées, voire contestées ? Les théories féministes ne s'attachent donc pas seulement à la délimitation théorique et pratique entre ce qui serait « naturel » et « culturel » ou « social », entre le sexe, le genre et *les* sexualités, mais aux principes, aux postulats ou aux implications, idéologiques, politiques, épistémologiques, de cette délimitation. C'est à l'ensemble de ces débats qu'est consacré ce volume.

Jusqu'à présent, aux côtés des recherches philosophiques et historiques sur la sexualité, initiées par Michel Foucault, on pouvait trouver au moins deux grands types de contributions sur la question du sexe et de la philosophie : soit des travaux relatifs aux femmes[1], à la « différence des sexes »[2], au « différend des sexes »[3], comme philosophèmes, travaux qui se sont principalement consacrés à la place des femmes, à la place faite aux femmes ou au féminin dans le corpus philosophique ou psychanaly-

---

1. Luce Irigaray, *Speculum de l'autre femme,* Paris, Minuit, 1974 ; Michèle Le Dœuff, *L'étude et le rouet,* Paris, Le Seuil, 1989 ; Sarah Kofman, *Le respect des femmes,* Paris, Galilée, 1989 ; *L'énigme de la femme,* Paris, Le Livre de poche, 1994 ; F. Collin, E. Pisier, E. Varikas, *Les femmes de Platon à Derrida,* Paris, Plon, 2000.
2. Geneviève Fraisse, *La différence des sexes,* Paris, PUF, 1996.
3. Françoise Collin, *Le différend des sexes,* Paris, Pleins Feux, 2000.

## Introduction

tique ; soit des travaux qui se sont intéressés à la philosophie des femmes et, plus largement, aux philosophies de l'« égalité des sexes » dans une perspective d'histoire de la philosophie[1].

Le présent volume porte plus spécifiquement sur les théories féministes telles qu'elles se sont développées ces quarante dernières années et, plus particulièrement, sur les philosophies féministes. Les théories féministes seront définies comme un savoir indissociablement lié à un mouvement politique qui problématise, notamment d'un point de vue épistémologique inédit, le rapport que *tout* savoir entretient avec une position de pouvoir, qu'il renforce, renverse ou modifie en retour. Ce volume privilégie un corpus anglophone qui, de par son engagement dans les débats philosophiques contemporains et son extrême richesse, demeure sans commune mesure avec le développement encore embryonnaire des problématiques féministes dans la philosophie française. Il s'appuie essentiellement sur les œuvres du féminisme marxiste, de l'épistémologie ou de l'éthique féministes, de l'histoire et de la philosophie féministe des sciences, du *black feminism*, du féminisme dit « post-moderne » et de la théorie *queer*. Toutefois, il réinscrit aussi l'ensemble de ces problématiques dans un dialogue permanent tant avec le féminisme matérialiste « à la française », qu'avec les travaux fémi-

---

1. Michèle Le Dœuff, *Le sexe du savoir,* Paris, Aubier, 1998 ; Elsa Dorlin, *L'évidence de l'égalité des sexes. Une philosophie oubliée du XVIIe siècle,* Paris, L'Harmattan, 2000 ; Michel Kail, *Simone de Beauvoir philosophe,* Paris, PUF, 2006.

*Sexe, genre et sexualités*

nistes francophones en sciences humaines, sociales et politiques. Enfin, nombre de travaux présentés ici sont inspirés par ce que l'on appelle outre-Atlantique la *french theory* (Foucault, Deleuze, Derrida) et le *french feminism* (Irigaray, Cixous, Kristeva). Cette dernière expression est particulièrement problématique[1], dans la mesure où, peut-être à l'exception de Luce Irigaray, ces trois références occupent une place très excentrée dans la pensée féministe française. Ce volume est donc aussi l'effet de processus de traduction et de retraduction culturelle des concepts majeurs de la pensée féministe transatlantique.

Il ne sera pas question ici de faire une présentation exhaustive des thématiques de ce savoir féministe contemporain – plus ou moins institutionnalisé, selon les traditions disciplinaires, universitaires, ou plus largement intellectuelles. L'angle adopté est tout aussi dépendant d'une posture philosophique que d'une position au sein de la pensée et du mouvement féministes actuels. Il s'agit donc d'un parcours possible dans les théories féministes, qui doit être compris à la fois comme un hommage à l'histoire de la pensée et du mouvement des femmes et comme une contribution à l'émergence d'un questionnement philosophique féministe.

---

1. Cf. Cynthia Kraus, « Anglo-american feminism made in France : crise et critique de la représentation », *Les Cahiers du genre*, n° 38, 2005.

# *Épistémologies féministes*

> « Nous avons besoin du pouvoir des théories critiques modernes sur la façon dont les significations et les corps sont fabriqués, non pas pour dénier significations et corps, mais pour vivre dans des significations et des corps qui aient une chance dans l'avenir. »
>
> Donna Haraway[1].

## Le personnel est politique

« Le personnel est politique » est le slogan emblématique des divers mouvements de libération des femmes, nés dans les années 1960, et pour qui le *Deuxième sexe* de Simone de Beauvoir constitue la référence. Il marque aussi l'émergence d'une production intellectuelle pluridisciplinaire, d'une réflexion critique, qui n'a cessé de se développer, de se diversifier – et de s'institutionnaliser – au cours de ces quarante dernières années, au sein, depuis, ou à côté, de la pensée et du mouvement des femmes. J'ai déjà employé le terme de « féminisme » sans le définir, il est temps de le faire. Par féminisme, j'entends cette tradition de pensée, et par voie de conséquence les mouvements historiques, qui, au moins depuis le XVIIe s., ont posé selon des logiques démonstratives diverses l'égalité des hommes et des femmes, traquant les préjugés relatifs à l'infériorité des femmes ou dénonçant l'iniquité de leur condition.

---

1. Donna Haraway, *Manifeste cyborg et autres essais,* L. Allard *et al.* (éd.), Paris, Exils, 2007, p. 113.

*Sexe, genre et sexualités*

« Le personnel est politique » demeure l'emblème de ce savoir féministe, et renvoie, d'une part, à un travail d'*historicisation* d'un rapport de pouvoir et, d'autre part, à un travail de *conscientisation* de ce dernier.

Le savoir féministe désigne tout un travail historique, effectué depuis de multiples traditions disciplinaires (histoire, sociologie, littérature, science politique, philosophie, sciences biomédicales, etc.) ; travail de mise en doute de ce qui jusqu'alors était communément tenu hors du politique : les rôles de sexe, la personnalité, l'organisation familiale, les tâches domestiques, la sexualité, le corps... Il s'agit d'un travail d'historicisation et, partant, de politisation de l'espace privé, de l'intime, de l'individualité ; au sens où il réintroduit du politique, c'est-à-dire des rapports de pouvoir et donc du conflit, là où l'on s'en tenait aux normes naturelles ou morales, à la matière des corps, aux structures psychiques ou culturelles, aux choix individuels. C'est un travail qui, en retrouvant les tensions, les crises, les résistances localisées ensevelies, à travers l'histoire des femmes, du genre ou des sexualités, a rendu possible une pensée de l'historicité d'un rapport de pouvoir réputé anhistorique ( « *partout et toujours les femmes ont été et sont dominées* » ). Ce travail a également permis l'émergence d'une pensée critique sur l'effacement, le recouvrement ou l'aménagement des conflictualités et des résistances par et dans des savoirs hégémoniques. Le savoir féministe s'est ainsi attaché à des « contenus historiques », dans la mesure où « seuls les contenus historiques peuvent permettre de retrouver le clivage des affrontements et des luttes que les aménagements fonctionnels ou les organisations systématiques ont pour but, justement, de masquer »[1]. Ainsi, ce savoir a permis de saisir l'historicité de la « différence sexuelle », comme des prérogatives sociales et culturelles qui en découlent, la normativité de l'hétérosexualité reproductive, comme de sa forme juridique moderne – la famille patriarcale –, en s'attachant à la genèse et au développement des dispositifs de naturalisation et de normalisation de la division sexuelle du travail, de la socialisation des corps, de l'intériorisation des hiérarchies de genre, depuis leurs points de contestation : les luttes et les savoirs des femmes. Le savoir féministe est aussi une mémoire des combats.

Ainsi, le savoir féministe s'appuie sur tout un ensemble de savoirs locaux, de savoirs différentiels et oppositionnels, disqualifiés, considérés comme « incapables d'unanimité » ou « non conceptuels »[2], qui ont trait à la réappropriation de soi : de son corps, de son identité. Il s'agit ici d'un mode de connaissance de soi, commun à de nombreux mouvements sociaux, qui consiste à politiser l'expérience individuelle : à transformer le personnel en politique. En d'autres termes, ce travail de conscientisation fait que le destin quotidien de chaque femme, la prétendue « condition féminine », est reconnue comme une expérience de l'oppression où je me reconnais moi-même comme « sujet de l'oppression »[3]. En outre, le vécu singulier des femmes peut être re-signifié comme un vécu collectivement partagé : ce qui fonde dou-

---

1. Michel Foucault, *« Il faut défendre la société »*, Paris, Gallimard / Le Seuil, 1997, p. 8.
2. *Ibid.*, p. 9.
3. Nicole-Claude Mathieu, *L'anatomie politique*, Paris, Côté Femmes, 1991, p. 219.

blement la possibilité même de la révolte, aux niveaux individuel et collectif – « ce qui est résistible, n'est pas inévitable »[1]. Cette transformation de la conscience de soi des femmes, à partir de la mise en question du devenir « femme » auquel chacune était soumise, a produit un sujet, « les femmes », qui est une identité politique. Elle a notamment été possible par la production de savoirs sur, par et pour les femmes, qui ont inventé d'autres langages, pris plusieurs formes, mais dont les deux principales sont les groupes de conscience et les « expertises sauvages ». Les groupes de conscience, qui se sont concrètement organisés comme des groupes de parole non mixtes, consistent à dépsychologiser et à désindividualiser le vécu des femmes, afin de reconnaître en chacun de ces vécus individuels, les multiples expressions d'une commune condition sociale et historique. Depuis les années 1970, ces groupes de conscience ont été particulièrement déterminants pour définir, identifier et lutter contre les multiples formes de violence faites aux femmes, jusqu'alors indicibles ou invisibles et, dans une certaine mesure, légitimées par la distinction philosophique, et effectivement légale, entre la sphère publique et la sphère privée. Les expertises sauvages consistent à produire du savoir en tant qu'objet *et* sujet de connaissance, à devenir l'expert informé de soi-même. Elles viennent contester le savoir dominant qui prend pour objet les femmes, objectivent leurs corps, leurs paroles ou leurs expériences. En court-circuitant le savoir dominant, et plus

---

1. Christine Delphy, *L'ennemi principal,* I, Paris, Syllepse, 1998, p. 272.

*Épistémologies féministes*

particulièrement gynécologique ou sexologique, les femmes ont produit des savoirs sur leur sexualité et leur santé, se sont réapproprié leur propre corps, en inventant ou en expérimentant des techniques de plaisir comme de soin[1]. Les groupes de conscience comme les expertises sauvages ont été d'autant plus nécessaires que « l'infériorité sociale des femmes se renforce et se complique du fait que la femme n'a pas accès au langage, sinon par le recours à des systèmes de représentations "masculins" qui la désapproprient de son rapport à elle-même, et aux autres femmes »[2]. Ces savoirs féministes[3], ne produisent donc pas seulement un nouveau savoir sur les femmes, ils disqualifient à leur tour la « connaissance vraie », ils bouleversent l'économie du savoir lui-même et la distinction entre sujet et objet de connaissance. Comme le souligne Luce Irigaray à propos de tout discours sur les femmes, « l'enjeu n'est pas d'élaborer une nouvelle théorie dont la femme serait le *sujet* ou l'*objet* mais d'enrayer la machinerie théorique elle-même, de suspendre sa prétention à la production d'une vérité et d'un sens par trop univoques »[4].

---

1. Le combat historique pour l'avortement libre est à ce titre paradigmatique. En France, le mouvement de libération des femmes et le Groupe Information Santé (GIS), collectif de médecins qui s'est créé en 1972 sur le modèle du Groupe Information Prisons (GIP), s'initient à la méthode d'avortement par aspiration dite « méthode Karman », beaucoup moins traumatisante que la méthode par curetage.
2. Luce Irigaray, *Ce sexe qui n'en est pas un,* Paris, Minuit, 1977, p. 81.
3. Michel Foucault, *« Il faut défendre la société »*, *op. cit.*, p. 9.
4. Luce Irigaray, *Ce sexe qui n'en est pas un, op. cit.*, p. 75.

*Sexe, genre et sexualités*

Le questionnement d'Irigaray, et plus largement du savoir féministe, doit ici être compris comme un questionnement d'abord et avant tout *politique*. Il s'agit d'un questionnement politique au sens où ce sont les « effets de pouvoir propre à un discours considéré comme scientifique »[1] contre lesquels la pensée féministe s'est prioritairement élevée. Il est ici question des effets de pouvoir des discours médicaux, psychanalytiques, mais aussi philosophiques, historiques ou anthropologiques totalisants, dominants, sur le corps et la parole des femmes.

En ce sens, on peut définir le savoir féministe comme une généalogie, au sens de Michel Foucault. « Par rapport au projet d'une inscription des savoirs dans la hiérarchie du pouvoir propre à la science, la généalogie serait une sorte d'entreprise pour désassujettir les savoirs historiques et les rendre libres, c'est-à-dire capables d'opposition et de lutte contre la coercition d'un discours théorique unitaire, formel et scientifique. »[2] Aussi, avant même d'examiner la scientificité des discours dominants, la question posée par la *généalogie* féministe est : « Quels types de savoir voulez-vous disqualifier du moment que vous vous dites être une science ? Quel sujet parlant, quel sujet discourant, quel sujet d'expérience et de savoir, voulez-vous minoriser du moment que vous vous dites : *moi qui tiens ce discours, je tiens un discours scientifique et je suis un savant* ? »[3]

---

1. Michel Foucault, *« Il faut défendre la société »*, *op. cit.*, p. 10.
2. *Ibid.*, p. 11.
3. *Ibid.*

## Des épistémologies du point de vue à l'éthique du « care »

C'est sur ce sol généalogique propre au savoir féministe, et plus généralement aux pensées « minoritaires », « mineures »[1], que se sont développées des épistémologies féministes à proprement parler. Ces épistémologies féministes sont étroitement liées à la philosophie marxiste, qui constitue leur point de départ. Toutefois, c'est depuis cet héritage et, dans une certaine mesure, contre lui, que ces épistémologies ont adressé un certain nombre de critiques à la philosophie marxiste en proposant, soit un féminisme post-marxiste, soit un empirisme féministe. La critique majeure du féminisme post-marxiste vise l'incapacité du marxisme à penser la spécificité de l'oppression des femmes ; ou, pour le dire autrement, il vise la réduction systématique du patriarcat[2] au mode de production capitaliste. Cette incapacité théorique et politique est pensée en termes marxistes : elle tient fondamentalement au fait que les « productions intellectuelles [sont définies] comme le produit de rapports sociaux »[3].

Or, ces « rapports sociaux » sont toujours aussi des « rapports sociaux de sexe », selon l'expression paradig-

---

1. Cf. Gilles Deleuze, Félix Guattari, *Mille plateaux. Capitalisme et schizophrénie,* Paris, Minuit, 1980.
2. Le patriarcat désigne communément l'autorité des pères, et partant le pouvoir des hommes. Redéfini par le féminisme matérialiste, il constitue un concept majeur du féminisme. Voir le concept de « mode de production familial » ou « patriarcat », Chistine Delphy, *L'ennemi principal,* I et II, *op. cit.*
3. Christine Delphy, *L'ennemi principal, op. cit.,* p. 274.

matique de la pensée féministe française des années 1980 et 1990. Ils renvoient au concept fondamental de « division sexuelle du travail ». Cette division est « modulée historiquement et sociétalement. Elle a pour caractéristiques l'assignation prioritaire des hommes à la sphère productive et des femmes à la sphère reproductive ainsi que, simultanément, la captation par les hommes des fonctions à forte valeur sociale ajoutée (politiques, religieuses, militaires, etc.) »[1]. La division sexuelle du travail fonctionne donc « simultanément » dans la sphère professionnelle et dans la sphère domestique, où on assiste à « une mise au travail spécifique des femmes » qui consiste en « la disponibilité permanente du temps des femmes au service de la famille »[2], à l'invisibilisation de ce travail comme *travail* – on parle alors des « tâches ménagères à *faire* » – et à son exploitation.

Cette division sexuelle du travail est évidemment active dans le travail intellectuel, et plus spécifiquement scientifique. Si les recherches féministes en sociologie des sciences ont analysé le faible nombre de femmes dans ces secteurs à forte valeur sociale ajoutée, les recherches fémi-

1. Danièle Kergoat, « Division sexuelle du travail et rapports sociaux de sexe », *in* H. Hirata *et al.* (dir.), *Dictionnaire critique du féminisme,* Paris, PUF, 2000, p. 36.
2. Dominique Fougeyrollas-Schwebel, « Travail domestique », *in* H. Hirata *et al.* (dir.), *Dictionnaire critique du féminisme, op. cit.,* p. 250. Le travail domestique comprend la reproduction, l'élevage des enfants, le soin des ascendants et descendants, le travail domestique à proprement parler et le « souci » du travail domestique, quand bien même celui-ci serait quelque peu partagé.

*Épistémologies féministes*

nistes en philosophie des sciences se sont plus particulièrement intéressées aux implications épistémologiques d'une telle division. Dans une certaine mesure, cette division sexuelle du travail permet de comprendre l'absence d'outils conceptuels à même de problématiser, non seulement la distinction entre le public et le privé, mais aussi l'« évidence » du quotidien, le « monde matériel ordinaire »[1]. Les sujets de connaissance, en grande majorité masculins, ont une représentation biaisée, partielle, du réel. Ils ignorent, disqualifient ou délaissent totalement des pans entiers du réel, qui touchent au travail de reproduction[2]. Cette absence de production d'outils critiques est donc pensée à partir des conditions matérielles d'existence spécifiques des sujets connaissants. Dans les premiers travaux d'épistémologie féministe, la division sexuelle du travail, l'assignation des hommes au travail de production et des femmes au travail de reproduction, rend compte du privilège épistémique accordé à des représentations, à une vision du monde, déterminées par les seules conditions matérielles d'existence des hommes. Or, comme l'écrit Maria Puig de la Bellacasa : « Les conditions de vie sont aussi des *conditions de vue*. »[3] Moins aux

---

1. Dorothy Smith, « Women's perspective as a radical critique of sociology », 1974, cité et traduit par Maria Puig de la Bellacasa, « *Think we must*. Politiques féministes et construction des savoirs », thèse de doctorat, Université libre de Bruxelles, Faculté de philosophie et lettres, 2004, p. 191. Il s'agit de l'étude de référence en français sur ces épistémologies, à paraître en 2008.
2. Cf. Hilary Rose, *Love, Power and Knowledge*, Bloomington, Indiana University Press, 1994.
3. Maria Puig de la Bellacasa, *« Think we must »*, *op. cit.*, p. 190.

prises avec la réalité prosaïque du monde, mais aussi avec le corps, au centre du travail reproductif dont ils sont déchargés, les hommes développent une vision du monde qui implique la production de dichotomies hiérarchiques (culture/nature, raison/corps, abstrait/concret, rationnel/intuitif, objectif/subjectif, penser/ressentir...), et la promotion d'une posture de connaissance désincarnée. Autrement dit, selon cette analyse, l'idéal de neutralité du travail scientifique est un caractère historiquement situé. Pour la philosophe Nancy Hartsock, l'une des plus importantes féministes matérialistes américaines, la « masculinité abstraite »[1] du sujet connaissant concerne aussi les philosophes marxistes et explique leur difficulté à penser l'oppression spécifique des femmes, la division sexuelle du travail étant toujours pensée comme « naturelle ». Or, de la même façon que Marx a dénoncé le prétendu échange « égalitaire » qui se trame dans le contrat de travail entre le capitaliste et le prolétaire, en adoptant le point de vue des prolétaires, c'est-à-dire en élucidant leurs conditions matérielles d'existence ; Hartsock a l'ambition de dénoncer la prétendue posture idéale du sujet connaissant – y compris du sujet connaissant marxiste –, comme une posture désincarnée, en adoptant le point de vue des féministes, c'est-à-dire en se situant depuis les conditions matérielles d'existence des femmes. Nancy Hartsock[2]

---

1. Nancy Hartsock, « The Feminist standpoint : Developing the ground for a specifically feminist historical materialism », 1983, *in* S. Harding (dir.), *The Feminist Standpoint Theory Reader,* New York, Routledge, 2003, p. 44.

2. *Ibid.,* p. 40.

développe ainsi le concept de « positionnement » ou de « point de vue » *(standpoint)*. Suivant Marx, elle entend créer une nouvelle figure, un nouveau personnage, parmi les *dramatis personae*[1] du *Capital*. « La féministe », rejoint ainsi « Le capitaliste » et « Le prolétaire ». Son projet épistémologique consiste alors à valoriser des ressources cognitives invisibilisées et dépréciées, déterminées par, et élaborées depuis, les conditions matérielles d'existence des femmes ; à transformer leur expérience en savoir. Elle accorde donc un « privilège épistémique » à ce positionnement féministe. Comme le souligne très justement Maria Puig de la Bellacasa, l'utilisation du terme « féministe » par Hartsock, plutôt que « femmes », marque le caractère produit de ce positionnement ; c'est-à-dire qu'il s'agit d'une position construite à partir d'une situation subie et non pas d'un point de vue féminin essentialisé. La définition est politique et non ontologique. En conséquence, il s'agit d'une position politique, « engagée ».

Le savoir produit par et depuis le positionnement féministe constitue à la fois une ressource cognitive et une ressource politique. Il élucide des conditions matérielles obscurcies et ignorées par le savoir dominant. C'est à partir des conditions matérielles d'existence des femmes, de leur expérience, que le *standpoint* féministe produit un savoir qui politise la division sexuelle du travail. Par conséquent, le savoir scientifique, tel qu'il s'effectue de fait, apparaît

---

1. Karl Marx, *Le Capital,* livre I, deuxième section, chap. VI, 1867, trad. J. Roy, Paris, Flammarion, 1985, p. 136-137.

tout aussi situé et partisan, que le savoir féministe. La prétendue neutralité scientifique est une posture politique. Comme l'écrit Christine Delphy : « Qu'il n'y ait pas de connaissance neutre est un lieu commun. Mais de notre point de vue cela a un sens très précis. Toute connaissance est le produit d'une situation historique, qu'elle le sache ou non. Mais qu'elle le sache ou non fait une grande différence ; si elle ne le sait pas, si elle se prétend "neutre", elle nie l'histoire qu'elle prétend expliquer [...]. Toute connaissance qui ne reconnaît pas, qui ne prend pas pour prémisse l'oppression sociale, la nie, et en conséquence la sert objectivement. »[1]

Toutefois, la dimension critique des épistémologies du *standpoint* n'épuise pas leur projet. Ces épistémologies entendent produire une « meilleure science », en valorisant certains aspects de l'expérience des femmes et en éclairant les positions/visions de tout sujet connaissant. Cet apport a été particulièrement riche, notamment en ce qui concerne les sciences biomédicales, la philosophie et les sciences sociales. À ce titre, on peut citer les travaux de l'anthropologue française Nicole-Claude Mathieu et sa critique épistémologique des discours ethno-anthropologiques. Elle démontre l'androcentrisme des études de terrain et des observations qui peinent à reconnaître les femmes comme des actrices sociales, à mesurer et à quantifier leur travail ou leur dépense énergétique, en omettant nombre de leurs activités, en naturalisant la division sexuelle du travail, en se désintéressant de leur rôle actif

---

1. Christine Delphy, *L'ennemi principal*, I, *op. cit.*, p. 277.

*Épistémologies féministes*

dans les échanges sociaux. Cet androcentrisme « produit tout à la fois des aveuglements et des empathies entre chercheur(e)s et ethnologisé(é)s »[1]. Ainsi, la démarche de l'épistémologie féministe marque une certaine rupture avec les tentations et tentatives de certaines féministes de contrebalancer le patriarcat « structurel » des sociétés par la recherche de sociétés matriarcales : l'enjeu étant que ces contre-exemples pourraient infirmer la croyance en une oppression des femmes transhistorique et transversale à toute société. Or, la question des structures patriarcales des sociétés est avant tout une question épistémologique : la plupart des sociétés observées et déclarées patriarcales renvoient à une méthodologie biaisée. Or, en objectivant la situation/vision genrée des sujets connaissants, on parvient à une meilleure compréhension, une observation plus rigoureuse, de ses objets.

Une autre illustration des implications bénéfiques des épistémologies du *standpoint* est ce que l'on appelle l' « éthique du *care* » en philosophie morale contemporaine. Le *« care »* signifie le soin, l'empathie, le sentiment moral de sollicitude que l'on prête communément aux femmes et qui leur seraient spécifiques[2]. Initialement élaborée par Carol Gilligan, la notion d'éthique du *care* permet de valoriser les expériences morales des femmes, de promouvoir

1. Nicole-Claude Mathieu, *L'anatomie politique, op. cit.,* p. 126.
2. L'article de référence de Carol Gilligan s'intitule « In a different voice : Women's conceptions of self and of morality », *Harvard Educational Review,* vol. 47, n° 4, 1977, p. 481-517, qui donnera lieu à la publication de son ouvrage *In a Different Voice. Psychological Theory and Women's Development,* Cambridge, Harvard University Press, 1982.

un certain type de raisonnements moraux, « contextuels et narratifs », par opposition à « formels et abstraits »[1]. L'étude de Gilligan porte sur la psychologie du développement moral : elle vise les thèses de Lawrence Kohlberg, qui font alors autorité. Selon Kohlberg, les individus connaissent un développement moral qui obéit à différents stades correspondant à différents niveaux de raisonnement moral. Le dernier stade est ce qu'il appelle l' « éthique de la justice », qu'il considère comme le point d'accomplissement, du développement moral de chaque individu[2]. Ce qui gêne Gilligan est le fait que, selon cette théorie, les femmes apparaissent comme bloquées à un niveau de développement moral inférieur à celui des hommes. C'est dans cette perspective, qu'elle émet l'hypothèse que la théorie de Kohlberg est biaisée et qu'elle élabore sa propre théorie en introduisant l'idée d'une « éthique du *care* » typiquement féminine, qui n'est pas de moindre valeur que l' « éthique de la justice ». S'appuyant sur les résultats d'une enquête de psychologie morale menée auprès de jeunes adolescents, Carol Gilligan soutient que les garçons témoignent bien d'une « éthique de la justice », fondée sur des principes moraux abstraits et universels, alors que les filles font davantage preuve de sentiments moraux tournant autour de la sollicitude et de l'empathie. Toutefois, selon elle, ce développement sexué des sentiments moraux, depuis les conditions matérielles de vie des

1. Carol Gilligan, *In a Different Voice, op. cit.,* p. 19.
2. Cf. L. Kohlberg, *The Psychology of Moral Development : The Nature and Validity of Moral Stages,* New York, Harper & Row, 1984.

*Épistémologies féministes*

individus, n'est pas hiérarchisable. Les sentiments moraux des femmes ne constituent pas un moindre degré de moralité, mais plutôt une ressource morale ignorée qui pourrait renouveler la philosophie pratique. Plus qu'une sensibilité intuitive, le *care* est une véritable éthique, qui, loin d'être fondée sur des principes ou des règles prédéfinis, est en grande partie déterminée par le travail quotidien effectué traditionnellement par les femmes dans le domaine privé et qui renvoie à une myriade de gestes et d'affects ayant trait au soin, à la compréhension et au souci des autres. Cette problématisation des sentiments du juste et de l'injuste est extrêmement innovante dans la mesure où elle introduit une autre « réalité », un autre point de vue, dans les débats philosophiques contemporains relatifs aux jugements moraux. Comme je l'ai exprimé ailleurs, elle est également philosophiquement critiquable, lorsqu'elle tombe dans une forme de naturalisme moral qui essentialise la disposition féminine au *care*, qui plus est lorsqu'elle omet d'interroger la division sexuelle du travail domestique, *entre les femmes elles-mêmes*. Sachant que les femmes des classes populaires et/ou racialisées et migrantes sont prioritairement assignées au travail de reproduction : qui prend soin de votre ménage, de votre vaisselle, de votre linge et vous dégage du temps pour que vous puissiez prendre soin de vos enfants ou de vos proches[1] ? Cela étant, les travaux sur le *care* inaugurés par Gilligan, tels qu'ils seront repris par

---

1. Cf. Elsa Dorlin, « Dark care : de la servitude à la sollicitude », *in* S. Laugier, P. Paperman (dir.), *Le souci des autres : éthique et politique du care,* Paris, EHESS, 2006.

Susan Moller Okin ou Joan Tronto notamment, permettent de réexaminer les théories de la justice à l'aune d'une division sexuelle du travail qui induit des différences éthiques, mais aussi de renforcer et d'enrichir théoriquement les philosophies de la justice[1]. Il ne s'agit pas tant de faire une « place » à la sensibilité ou au sentiment féminins dans la théorie éthique, que de repenser les cadres mêmes de l'éthique, depuis une vision, une position de *caring*. Pour autant, il ne s'agit pas non plus d'opposer l'autorité de nos pratiques ordinaires à la théorie : « La normativité n'est pas niée, mais retissée dans la texture de la vie. »[2]

## Qu'est-ce que l'objectivité en science ?

L'application des épistémologies du positionnement ou du point de vue aux sciences biomédicales constitue un tournant dans l'élaboration du projet épistémologique féministe. Depuis les années 1980, de nombreuses scientifiques, philosophes, biologistes ou sociologues des sciences, ont minutieusement développé une critique des postulats de leur propre discipline. S'inspirant, développant ou se différenciant des premières formulations des épistémologies du *standpoint,* elles ont toutes différemment contribué au projet d'une « meilleure science ». Leur point commun est que leur projet se différencie d'une critique

---

1. Cf. S. Laugier, P. Paperman (dir.), *Le souci des autres : éthique et politique du care, op. cit.,* volume dans lequel ont été traduits des articles de S. Moller Okin et de J. Tronto.
2. Sandra Laugier, « Care et perception », *in* S. Laugier, P. Paperman (dir.), *Le souci des autres, op. cit.,* p. 328.

*Épistémologies féministes*

de la science, ou plus largement de la rationalité, comme étant par définition « phallogocentriques »[1], en raison des accents essentialistes d'une telle position. Ainsi, travaillant tour à tour les objections de militantisme, de subjectivisme ou de relativisme, qui leur étaient adressées, l'ensemble de ces travaux ont contribué à la reformulation, voire à la refondation du concept même d'objectivité scientifique.

Selon la physicienne et philosophe des sciences américaine Evelyn Fox Keller : « Les scientifiques aiment penser d'eux qu'ils sont les experts suprêmes de ce qui constitue la nature de l'acte de la science – c'est-à-dire de la signification de l'objectivité, du fondement des revendications scientifiques, du statut de la science dans la société, et ainsi de la manière dont fonctionne la science. Mais tout au long des trente-quarante dernières années, notre compréhension de l'activité scientifique a subi une révolution peu tranquille [...]. Au cœur de cette révolution, les féministes ont introduit un ensemble spécifique de questions portant sur l'influence sur l'histoire des sciences des idéologies relatives au genre. »[2] Evelyn Fox Keller s'intéresse tout particulièrement à ce qu'elle appelle le « travail

---

1. Cf. Luce Irigaray, mais aussi l'article de Susan Bordo, « The Cartesian masculinization of thought », *in* J. O'Barr, S. Harding, *Sex and Scientific Inquiry,* Chicago, University of Chicago Press, 1986.
2. Evelyn Fox Keller, « Histoire d'une trajectoire de recherche », *in* D. Gardey, I. Löwy, *L'invention du naturel,* Paris, Éditions des Archives contemporaines, 2000, p. 45. Voir aussi le livre majeur de Ruth Bleier, *Science and Gender,* New York, Pergamon Press, 1984.

symbolique du genre » et notamment au rôle des métaphores genrées dans le langage scientifique et l'activité scientifique elle-même. Ces recherches l'ont amenée à utiliser le concept de genre, tel que développé par la théorie féministe, en histoire et philosophie des sciences : elle a ainsi pu montrer comment des métaphores genrées constituaient un obstacle à la compréhension de certains phénomènes comme la fertilisation. Jusque dans les années 1980, la fertilisation était « objectivement » décrite comme un processus centré sur l'activité du spermatozoïde, *creusant la membrane de l'ovocyte, pénétrant l'ovocyte, délivrant ses gênes, activant le programme de développement,* par opposition à la cellule ovocyte *passivement transportée, se laissant glisser, assaillir, pénétrer, fertiliser.* Cette métaphore genrée produite et marquée par des croyances culturelles et sociales a orienté les recherches sur les éléments pouvant corroborer cette activité des spermatozoïdes, aux dépends de l'activité de l'ovocyte, totalement ignorée[1]. Plus encore, Fox Keller montre l'apport d'une perspective féministe pour la philosophie et l'histoire des sciences elles-mêmes, en s'appuyant sur l'exemple du « discours sur l'action du gène » au début du XXe siècle. Cette perspective permet, par exemple, de réexaminer l'émergence de ce discours à l'aune d'un « putsch » de la génétique naissante, éclipsant l'embryologie et suspendant pendant quelques décennies les recherches sur le rôle joué par les structures cytoplas-

---

1. Cf. Emily Martin, « The egg and the sperm : How science has constructed a romance based on stereotypical male-female roles », *Signs,* n° 3, 1991.

miques de l'ovocyte avant la fertilisation. Ces dernières ont été initiées dans les années 1970 par Christiane Nüsslein-Volhard, alors qu'elles étaient techniquement possibles dès les années 1930[1]. Le but de Fox Keller est de montrer que les études féministes des sciences ne sont donc pas de l'« anti-science » comme on se plaît à le croire, mais qu'elles participent à l'élaboration d'une science plus « objective ».

C'est ce concept d'objectivité qui est au cœur de la philosophie empiriste de Sandra Harding. Ses travaux représentent la tentative la plus ambitieuse de refondation épistémologique des sciences depuis une perspective féministe. Héritière des premières épistémologies du positionnement ou du point de vue, Harding a élaboré un nouveau concept d'objectivité, qu'elle appelle l'« objectivité forte » *(strong objectivity)*. Ce concept lui permet de répondre à un certain nombre de critiques adressées aux épistémologies du *standpoint,* leur reprochant leur subjectivisme ou leur relativisme. En effet, l'idée de positionnement pourrait laisser croire que la science n'est autre qu'un ensemble de points de vue fragmentaires et situés sur le réel. Harding reprend quasiment tous les principes développés par Nancy Hartsock : la production d'une théorie à partir du vécu des femmes, le privilège épistémique accordé aux points de vue minoritaires et minorisés, le caractère situé et partiel/partial de la science dominante, l'imbrication entre savoir/pouvoir, l'idée que les

---

1. Evelyn Fox Keller, « Histoire d'une trajectoire de recherche », *op. cit.,* p. 52.

productions scientifiques ne sont pas hors du monde social, qu'elles sont politiques. Et elle affirme : « Nous n'avons pas besoin de descriptions *moins* objectives, et nous n'avons pas besoin de descriptions *subjectives*. Le problème est que nous avons *eu* des descriptions subjectives – ou, pourrait-on dire, ethnocentriques. »[1] Cela implique deux choses.

D'une part, qu'une véritable objectivité en science implique que les positionnements politiques des scientifiques doivent être « conscients et explicites quant à leur caractère historiquement et socialement situés »[2]. En d'autres termes, il s'agit d'objectiver le sujet connaissant. Comme l'écrit Sandra Harding : « Une "objectivité forte" requiert que les scientifiques effectuent le même genre de descriptions et d'explications critiques du sujet de la connaissance scientifique – la communauté scientifique au sens large de tous ceux qui génèrent des problèmes scientifiques – que les sociologues ont fait avec les objets de leurs recherches. »[3] Donna Haraway, autre figure des épistémologies du *standpoint*, ajoutera qu'il faut également accepter la capacité d'agir des objets de connaissance : « Des savoirs situés demandent que l'objet de connaissance soit vu comme un acteur et un agent, pas comme un simple écran

---

1. Sandra Harding, « Starting from marginalized lives : A conversation with Sandra Harding », 1995, cité et traduit par Maria Puig de la Bellacasa, *« Thing we must », op. cit.,* p. 211.
2. Maria Puig de la Bellacas, *« Thing we must », op. cit.,* p. 211.
3. Sandra Harding, *The « Racial » Economy of Science,* Bloomington, Indiana University Press, 1993, p. 19. Ma traduction.

ou un terrain ou une ressource. »[1] Il ne s'agit pas seulement d'une règle de respect à l'égard des objets animés des sciences, mais d'un préalable épistémologique qui fonde une *vision,* une manière de voir le réel.

D'autre part, il faut admettre que les positionnements des scientifiques ne sont pas tous également valables, c'est-à-dire également « objectifs ». Seuls ceux qui répondent aux exigences d'une science démocratique le sont. Ainsi, Sandra Harding considère qu' « il est faux de croire que la méthode scientifique requiert l'élimination de toutes les valeurs sociales dans les processus scientifiques »[2]. Autrement dit, Harding fonde l'objectivité scientifique sur une définition de la démocratie, réellement anti-sexiste et anti-raciste, considérant que le fonctionnement routinier de la science repose sur un statu quo maintenu par une élite, sur « une matrice de privilèges »[3] de classe, de genre et de « race ». Aussi, ceux/celles qui subissent ce statu quo, et veulent l'ébranler, sont le plus à même de produire des points de vue, des savoirs, fortement objectifs. Sandra Harding considère que les démocraties participatives, développant davantage de points de vue sur la réalité, produisent de meilleures sciences : ce qui la distingue encore d'une position relativiste, dans la mesure où

---

1. Donna Haraway, *Manifeste cyborg, op. cit.,* p. 130.
2. Sandra Harding, *The « Racial » Economy of Science, op. cit.,* p. 18. Ma traduction.
3. *Ibid.,* p. 11. Ma traduction. Ce qui fera dire à Donna Haraway que le problème est peut-être davantage éthique et politique que proprement épistémologique : *Simians, Cyborgs, and Women,* New York, Routledge, 1991.

elle pense en termes de progrès scientifique[1]. Or, l'un des moyens pour parvenir à cette démocratie intellectuelle consiste à porter systématiquement attention aux points de vue marginaux *(outsiders)* qui permettent d'éclairer les valeurs sociales et les intérêts – politiques, économiques, institutionnels – de ceux qui sont au cœur de la communauté scientifique. Ce sont ces intérêts et ces valeurs sociales – sexisme et racisme institutionnalisés, par exemple – qui demeurent invisibles si l'on s'en tient à une objectivité comprise comme « neutralité ». Dans cette conception de l'objectivité « neutre », fondée en référence à la science physique, seuls les membres de la communauté scientifique reconnus comme compétents sont « qualifiés pour identifier, prendre en compte, ou éliminer, les préjugés et les traces de valeurs sociales et intérêts qui pourraient affecter la recherche et ses résultats »[2]. Au contraire, le concept d'« objectivité forte » a deux principes : un principe d'étrangeté (partir des positions minoritaires) – « Penser à partir de la perspective des vies des femmes rend étrange ce qui semblait familier : le commencement de toute recherche scientifique »[3] –, et un principe de « réflexivité »[4] (processus d'objectivation du sujet connaissant). Sandra Harding propose ainsi de faire de l'« objectivité forte » un programme, une directive épistémologique pour *toutes* les sciences. Si une telle pro-

---

1. Maria Puig de la Bellacasa, *« Think we must »*, *op. cit.*, p. 237.
2. *Ibid.*, p. 213.
3. Sandra Harding, *Whose Science ? Whose Knowledge,* 1991, cité et traduit par Maria Puig de la Bellacasa, *« Think we must »*, *op. cit.*, p. 216.
4. *Ibid.*

position fait peut-être moins sens en physique des particules qu'en science environnementale, elle a cependant contribué, au sein des sciences biomédicales, à la critique d'un certain nombre de préjugés comme à la refonte d'un certain nombre de postulats relatifs à la conceptualisation contemporaine du sexe biologique.

# *L'historicité du sexe*

> « Dans la science, tout comme dans l'art ou dans la vie, il n'y a pas d'autre fidélité à la nature que la fidélité à la culture. »
>
> Ludwig Fleck[1].

## Archéologie du genre

Le concept de genre n'a pas été « inventé » par le savoir féministe. Il a été élaboré par les équipes médicales qui, au cours de la première moitié du XXe siècle, ont pris en charge les nouveau-nés dits « hermaphrodites » ou *intersexes*[2]. Ce sont les médecins, engagés dans le « traitement » – principalement hormonal et chirurgical – de l'intersexualité, c'est-à-dire dans les protocoles de réassignation de sexe, qui ont défini ce qui s'est d'abord appelé le « rôle de genre ».

L'enjeu était, pour ces médecins, de réassigner un « sexe » à un enfant qui témoigne d'une ambiguïté sexuelle de naissance. Le problème n'est pas que le corps n'a pas de sexe ou n'est pas *sexué* – il l'est ; le problème n'est pas que le processus physio-anatomique de sexuation n'a *pas*

---

1. Ludwik Fleck, *Genèse et développement d'un fait scientifique,* trad. N. Jas, Paris, Les Belles Lettres, 2005, p. 66.
2. Cf. Elsa Dorlin, « Hermaphrodismes », *in* D. Lecourt (dir.), *Dictionnaire de la pensée médicale,* Paris, PUF, 2004, p. 568-571. Pour en savoir plus, on peut consulter le site de l'Organisation internationale des intersexes : http://oii-france.blogspot.com/.

fonctionné – il a fonctionné ; le problème, pour les médecins, est qu'il a *mal* fonctionné : il n'a pas donné lieu à une identité sexuelle identifiable comme « mâle » ou « femelle ». Aussi l'intervention consiste à intervenir sur ces corps intersexes pour leur assigner, non pas un sexe (ils en ont déjà un), mais le *bon* sexe. Grâce aux opérations chirurgicales, aux traitements hormonaux, au suivi psychologique, ce « bon sexe » consiste essentiellement en un appareil génital mâle ou femelle « plausible », en un comportement sexuel « cohérent », à commencer par le comportement sexuel qui doit être « normalement » hétérosexuel. Or, c'est précisément face à « la réussite » de tels procédés de réassignation que certains spécialistes de l'intersexualité vont être amenés à considérer que le sexe biologique est, dans les cas des enfants intersexes en particulier, mais chez tous les individus en général, un facteur relativement flexible, aléatoire et peu contraignant en matière d'identité sexuelle, c'est-à-dire de rôles de genre et de comportements sexuels.

Dans les années 1950 aux États-Unis, celui qui allait devenir l'un des plus puissants spécialistes de l'intersexualité, John Money déclare : « Le comportement sexuel ou l'orientation vers le sexe mâle ou le sexe femelle n'a pas de fondement inné. »[1] Le terme de « genre » est bientôt popularisé par le psychiatre Robert Stoller qui fonde

---

1. John Money, « Hermaphroditism », Ph.D. Thesis, Harvard University, 1952 ; cité par Anne Fausto-Sterling, *Sexing the Body*, New York, Basic Books, 2000, p. 46. Ma traduction.

*L'historicité du sexe*

en 1954 la *Gender Identity Research Clinic*[1]. En 1955, Stoller propose de distinguer le sexe biologique de l'identité sexuelle (le fait de se percevoir homme ou femme et de se comporter en conséquence), distinction qui sera reprise en 1968 en termes de « sexe » et « genre »[2]. À peine quelques années plus tard, c'est au tour de John Money de publier avec Anke Ehrhardt, *Un homme et une femme, un garçon et une fille*. Cet ouvrage suscita nombre de polémiques, dans la mesure où Money y rapporte le cas d'un petit garçon de 2 ans traité à l'hôpital de l'Université John Hopkins, selon les méthodes utilisées dans les cas d'intersexualité. Or cet enfant n'avait pas été diagnostiqué comme « intersexe ». La naissance du concept de genre est étroitement liée à l'histoire de Bruce/Brenda. Suite à un accident de circoncision à l'âge de 9 mois, qui l'avait laissé sans pénis, ses parents sollicitent Money. Ce dernier considère que la meilleure solution est de « réassigner » sexuellement l'enfant, d'en faire une fille. Un garçon « biologique » ne peut avoir une identité sexuelle « normale » sans pénis. Après une castration et un traitement hormonal, Bruce devint alors Brenda, peu avant ses 3 ans. Money a en fait utilisé Bruce/Brenda comme un cobaye. Il a opéré un changement de sexe sur un individu, consi-

1. Cf. John Money et Anke A. Ehrhardt, *Man & Woman, Boy & Girl: The Differentiation and Dimorphism of Gender Identity from Conception to Maturity,* Baltimore, Johns Hopkins University Press, 1972.
2. Cf. Robert Stoller, *Sex and Gender: On the Development of Masculinity and Feminity,* New York, Science House, 1968; trad., *Recherche sur l'identité sexuelle,* Paris, Gallimard, 1978.

déré comme « biologiquement normal », les intersexes étant considérés comme « biologiquement anormaux » en raison d'une « anomalie génitale », c'est-à-dire de l'indécidabilité de leur sexe, défini comme « sexe mâle » ou « sexe femelle ». De fait, Money a réalisé sur Bruce l'une des premières opérations, dans le cadre de ce qui allait devenir quelques années plus tard, le traitement médical de la transsexualité. Pour lui, l'expérience réalisée sur cet enfant devait « démontrer la flexibilité de la division sexe/genre »[1]. Autrement dit, le sexe biologique ne détermine pas l'identité sexuelle des individus (de genre et de sexualité), celle-ci est *re*-constructible, et partant, *constructible*, déterminable, via une intervention technique exogène. De fait, John Money est relativement indifférent quant au processus biologique de sexuation : le biologique ne l'intéresse que dans la mesure où il témoigne d'une plasticité effective. En revanche, ce qu'il cherche à maintenir, c'est bien la binarité de l'identité sexuelle. Au fond, ce que nous appelons communément « le sexe biologique » renvoie bien davantage aux rôles et comportements sexuels, qu'à un processus biologique de sexuation. Les motivations de Money montrent que ce que nous appelons le « sexe », biologique, stable, évident, comporte toujours un surplus par rapport à la sexuation des corps. Ce que nous appelons alors le « sexe des individus », c'est-à-dire la bicatégorisation sexuelle des individus en « mâles » et « femelles »,

---

1. Ilana Löwy, « Intersexe et transsexualités : les technologies de la médecine et la séparation du sexe biologique du sexe social », *Les Cahiers du genre,* n° 34, 2003, p. 91.

## L'historicité du sexe

serait davantage le fait de facteurs exogènes que d'une détermination endogène. Cela ne remet pas seulement en question la causalité « naturelle » du sexe (mâle et femelle) sur le genre (homme et femme) et la sexualité (hétéro-sexualité), prônée par la majorité des écrits médicaux du XIXᵉ siècle[1], mais bien notre définition même du sexe biologique.

La première occurrence du terme « hétéro-sexuel » apparaît à la fin du XIXᵉ siècle pour désigner ce que l'on considère alors comme une perversion sexuelle : la bisexualité (l'attirance sexuelle pour les deux sexes)[2]. En 1895, lorsque paraît la traduction française de l'ouvrage de référence du docteur viennois Richard von Krafft Ebing, *Psychopathia Sexualis*[3], le terme « hétéro-sexuel » désigne le contraire de l' « instinct sexuel pathologique », c'est-à-dire l'instinct sexuel finalisé par la procréation. La finalité procréative demeure inconsciente dans l'acte sexuel, mais elle permet dès lors de distinguer l'acte sexuel « déviant », « pathologique » et l'acte sexuel « naturel », « normal », comme les personnalités qui leur sont associées. Toutes les « pathologies » sexuelles, à commencer par l'homosexualité – mais aussi les pathologies hétérosexuelles comme le fétichisme ou tout acte non procréateur, par exemple –, seront définies comme une

---

1. Cf. Jonathan Ned Katz, *L'invention de l'hétérosexualité*, 1996, trad. M. Oliva, C. Thévenet, Paris, EPEL, 2001.
2. *Ibid.*, p. 26-27.
3. Richard von Krafft Ebing, *Étude médico-légale :* « Psychopathia Sexualis », 1886, trad. E. Laurent, S. Csapo, Paris, Carré, 1895.

perversion de l'instinct sexuel, voire comme une inversion de l'identité sexuelle. Désormais, l'hétérosexualité désigne exclusivement et durablement l'hétérosexualisation du désir érotique et la prédisposition à la reproduction. L'hétérosexualité a donc pour postulat la différence sexuelle. C'est à partir des travaux de Krafft Ebing que la pensée médicale comprend dans le sexe biologique : les processus de sexuation, la procréation (les organes reproducteurs mâle et femelle) et la sexualité. La sexuation n'est donc pas le tout du « sexe » : dans la définition commune du « sexe biologique », l'anatomie n'est jamais seule. Autrement dit, il y a toujours déjà, dans ce que nous appréhendons communément comme le « sexe biologique » des individus, du *genre* et les traces d'une gestion sociale de la reproduction, c'est-à-dire, une identité sexuelle (de genre et de sexualité) imposée, assignée.

En 1972, la sociologue britannique Ann Oakley publie *Sex, Gender and Society*[1] ; ouvrage dans lequel elle distingue le *sexe* du *genre* et qui marque l'émergence du concept de genre dans la théorie féministe. Pour distinguer le sexe du genre, Ann Oakley prend précisément appui sur les recherches menées par Money ou Stoller, qu'elle salue, pour les radicaliser. Comme l'écrit Ilana Löwy, à propos du lien étroit entre les travaux sur l'intersexualité et les premières théorisations féministes du genre : « Les recherches sur les individus "intersexes", ainsi que sur les phénomènes de transsexualité, démontrent que ni le désir sexuel,

---

1. Cf. Ann Oakley, *Sex, Gender and Society*, Londres, Harper Colophone Books, 1972.

*L'historicité du sexe*

ni le comportement sexuel, ni l'identité de genre ne sont dépendants des structures anatomiques, des chromosomes ou des hormones. D'où l'arbitraire des rôles sexuels. »[1] À partir de cette première élaboration, le concept de genre a été utilisé en sciences sociales pour définir les identités, les rôles (tâches et fonctions), les valeurs, les représentations ou les attributs symboliques, féminins et masculins, comme les produits d'une socialisation des individus et non comme les effets d'une « nature ». Cette distinction entre le sexe et le genre a ainsi permis de rompre la relation de causalité communément supposée entre les corps sexués, et plus largement l'ordre « naturel » ou biologique, d'une part, et les rapports sociaux inégaux entre hommes et femmes, d'autre part.

Toutefois, la distinction entre le sexe et le genre telle qu'elle a été développée dans de nombreux travaux a eu tendance à oublier cette archéologie du genre. L'un des écueils de la distinction du sexe et du genre, telle qu'elle s'est communément diffusée, est de subsumer sous le concept de genre toutes les interrogations relatives à la construction sociale du féminin et du masculin, le sexe biologique demeurant une entité anhistorique. Un large débat a été entamé au sein des études féministes contre cette utilisation du concept de genre, qui a notamment retardé, en France, l'adhésion, la traduction et l'utilisation du concept *gender*. Cette naturalisation secondaire du sexe

---

1. Ilana Löwy, « Intersexe et transsexualités : les technologies de la médecine et la séparation du sexe biologique du sexe social », *op. cit.*, p. 96.

*Sexe, genre et sexualités*

que cachait le genre, Colette Guillaumin la relevait dès 1984 : « L'introduction du *genre* dans les sciences humaines répond à une politique : présenter les traits de genre comme symboliques ou arbitraires en laissant au sexe anatomique le rôle de réel incontournable. Les précédents de ce type d'opérations (telle la tentative de remplacement de "race" par "ethnie") indiquent, pour le moins leur ambiguïté. »[1] La distinction entre le sexe et le genre trouve ainsi sa limite dans le fait que la dénaturalisation des attributs du féminin et du masculin a, en même temps, re-délimité et par là réaffirmé les frontières de la nature. En dénaturalisant le genre, on a aussi réifié la naturalité du sexe. En privilégiant la distinction entre sexe et genre, on a totalement négligé la distinction entre « sexuation » et « sexe », entre un processus biologique et sa réduction catégorielle aux sexes « mâle », « femelle », laquelle consiste en la naturalisation d'un rapport social.

À partir de la fin des années 1980, prenant la mesure d'une telle critique, de nombreuses recherches en histoire, sociologie ou philosophie des sciences se sont alors concentrées sur le sexe biologique et ont donné lieu à une nouvelle conceptualisation du genre. Petit à petit, la mise en évidence de l'historicité du sexe[2] a ébranlé l'idée selon

---

1. Cité par Nicole-Claude Mathieu, « Les transgressions du sexe et du genre », *in* M.-C. Hurtig *et al.* (dir.), *Sexe et genre,* Paris, CNRS, 1991, p. 79. Voir aussi Nelly Oudshoorn, « Au sujet des corps, des techniques et des féminismes », D. Gardey et I. Löwy (dir.), *L'invention du naturel,* Paris, Éditions des Archives contemporaines, 2000.

2. Cf. Thomas Laqueur, *La fabrique du sexe,* 1990 ; trad. M. Gautier, Paris, Gallimard, 1992.

laquelle il existe des catégories naturelles, telles que les catégories « mâle » ou « femelle », que nous ne ferions qu'enregistrer, identifier ou reconnaître[1]. Dans cette perspective, le genre n'est plus pensé comme le « contenu » changeant d'un « contenant » immuable que serait le sexe, mais comme un concept critique, une « catégorie d'analyse historique »[2], qui engage « une démarche délibérément agnostique qui suspend provisoirement ce que l'on "sait déjà" : le fait qu'*il y a deux sexes* »[3]. Ces recherches se sont engagées dans deux démarches complémentaires : un travail d'historicisation des représentations, des définitions et des conceptualisations du « sexe » et un travail de problématisation du concept scientifique de sexe et de ses applications biomédicales.

L'histoire des définitions du sexe est l'illustration parfaite de l'histoire sociale et politique d'une crise scientifique, entendue comme le point critique auquel parvient une théorie lorsqu'elle devient incapable de rendre compte d'un phénomène. Depuis le XVIIe siècle, le « sexe » a été défini selon un modèle bicatégoriel, à l'aide de diffé-

1. Cf. Marie-Claude Hurtig et Marie-France Pichevin, « Catégorisation de sexe et perception d'autrui », *in* M.-C. Hurtig *et al., Sexe et genre, op. cit.*
2. Joan Wallace Scott, « Le genre : une catégorie utile d'analyse historique », trad. E. Varikas, *Les Cahiers du GRIF,* 1988.
3. Eleni Varikas, « Conclusion », *in* D. Fougeyrollas-Schwebel *et al.* (dir.), *Le genre comme catégorie d'analyse,* Paris, L'Harmattan, 2003, p. 206. Voir aussi Cynthia Kraus, « Avarice épistémique et économie de la connaissance : le pas rien du constructivisme social », *in* H. Rouch *et al.* (dir.), *Le corps, entre sexe et genre,* Paris, L'Harmattan, 2005.

rents champs conceptuels : la physio-pathologie du tempérament, l'anatomie des appareils génitaux puis des gonades (les testicules ou les ovaires), l'information hormonale (hormones dites « féminines » et « masculines »), la génétique (les chromosomes XX, XY). Il s'agit des quatre grandes définitions de la bicatégorisation sexuelle : le sexe humoral, le sexe gonadique, le sexe hormonal, le sexe chromosomique. Le tempérament, les gonades, les hormones, les chromosomes ont ainsi été tour à tour considérés comme le fondement de la distinction entre « mâles » et « femelles ». Or, ces quatre définitions, telles qu'elles ont été historiquement élaborées, ont toutes achoppé sur l'impossible réduction du processus de sexuation biologique à deux catégories de sexe absolument distinctes. En ce sens, on pourrait définir la bicatégorisation sexuelle comme un « obstacle épistémologique » à la saisie scientifique du « sexe », comme processus complexe de sexuation, irréductible à deux catégories de sexe. Considérée comme un « obstacle épistémologique », la bicatégorisation sexuelle s'apparente alors à une substance : les phénomènes de sexuation étant conçus comme « le signe d'une propriété substantielle »[1], intimement caché à l'intérieur du corps : le sexe féminin et le sexe masculin. C'est en abandonnant ce substantialisme que les recherches actuelles sur la sexuation sont parvenues à une définition scientifique du sexe. Les recherches menées par la biologiste Anne Fausto-Sterling, professeur au département de biologie moléculaire et

---

1. Gaston Bachelard, *La formation de l'esprit scientifique,* Paris, Vrin, 1938, p. 99.

cellulaire à Brown University et spécialiste de théorie féministe, montrent, par exemple, que la classification des phénomènes de sexuation en deux sexes est erronée. Cela ne signifie pas que toute classification est impossible, mais que, si nous prenons en compte l'ensemble des niveaux de sexuation (physiologique, anatomique, chromosomique), il existe bien plus que deux sexes (mâle/femelle)[1].

## Le sexe (M/F) : un obstacle épistémologique

On peut considérer que l'épistémologie rationaliste du « sexe », telle qu'elle pourrait s'élaborer sur le modèle d'une philosophie des sciences à la Bachelard, est particulièrement heuristique à la fois dans ce qu'elle permet de penser – c'est-à-dire l'historicité théorique, scientifique du « sexe », faisant de la bicatégorisation un véritable « obstacle épistémologique » (le substantialisme) que les théories de la sexuation ont dû progressivement franchir –, mais aussi dans ce qu'elle ne parvient pas à expliquer : la persistance d'une croyance et d'une pratique scientifiques qui contredisent la rationalité même de la théorie dont elles prétendent pourtant être l'application. Car comment expliquer que des médecins continuent d'intervenir sur les corps des enfants intersexes dans le but de maintenir et de réifier une certaine acception normative des identités sexuelles ? « Même quand un énoncé est combattu, nous grandissons avec la problématique qui lui est

1. Cf. Anne Fausto-Sterling, *Sexing the Body, op. cit.*

associée et qui, en circulant à l'intérieur de la société, parvient à renforcer son pouvoir social. Cette problématique devient une réalité évidente qui, de son côté, conditionne alors d'autres actes constitutifs de la connaissance. »[1]

C'est bien cette distorsion, ou cette contradiction interne, entre croyance/pratique et théorie médicales qui semble poser un véritable problème épistémologique. Et, plutôt que de l'évacuer en affirmant qu'il s'agit là d'une rémanence de prénotions et de préjugés, ne faut-il pas affronter la difficulté et réinterroger notre approche épistémologique de la *crise* ? Ainsi, en histoire des sciences, on aurait non pas deux mais trois types de crises : les crises liées aux ruptures entre l'idéologie ambiante et la scientificité naissante, les crises liées aux refontes théoriques de la science et, les crises liées à un statu quo, qui font de la situation critique un régime quasi permanent. En d'autres termes, tout se passe comme si, une fois passé tous les « obstacles épistémologiques », relatifs à une psychologie de la connaissance, nous nous retrouvions face à un autre type d'obstacle, instaurant une situation de crise non pas transitoire mais chronique. On pourrait alors se demander dans quelle mesure une connaissance scientifique peut avoir un intérêt à entretenir la crise de son propre système, de ses propres fondements ou principes ? Une crise définitionnelle, en l'occurrence celle de la sexuation des corps, peut-elle jouer une autre fonction que celle qui lui est communément associée, à savoir celle d'un facteur de

---

1. Ludwik Fleck, *Genèse et développement d'un fait scientifique, op. cit.*, p. 71.

*L'historicité du sexe*

déstabilisation ou de mise à l'épreuve théorique ? Dans quelle mesure, au contraire, la situation de crise peut-elle fonctionner comme un facteur de relative stabilité ? Dans quelle mesure, et à quelles conditions, la crise, loin d'ébranler un système catégoriel, peut permettre d'assurer sa pérennité ?

Revenons sur cette distorsion critique entre sexuation et bicatégorisation, particulièrement problématique au regard de la pensée médicale. Pour ce faire, l'analyse des procédures définies par les protocoles étatsuniens ou européens mis en place dans le cadre des naissances d'enfants qui témoignent d'une « ambiguïté génitale », rendant délicate ou difficile l'assignation à un sexe, se révèle déterminante. Dans le cas des enfants intersexes, l'ambiguïté sexuelle est principalement le fait de développements hormonaux dits « anormaux » ou de combinaisons chromosomiques rarissimes. Ils représentent environ 2 % des naissances. Or, l'intersexualité bouleverse la causalité du sexe biologique à tel point que les protocoles de traitement, notamment sous l'influence de John Money aux États-Unis, se concentrent désormais sur ce que Money a défini comme « le genre », c'est-à-dire comme les standards relatifs à l'identité sexuelle socialement définie, pour normaliser les corps. Le *genre* devient, dans ses conditions, le fondement ultime du sexe, entendu comme la bicatégorisation sexuelle des individus.

À la naissance d'un enfant à l'anatomie génitale jugée inhabituelle, une commission de spécialistes (composée généralement de chirurgiens plasticiens, d'urologues, d'endocrinologues, de psychologues et de travailleurs sociaux) décide, souvent en l'espace de quarante-huit heures, de la nécessité et des modalités de l'intervention chirurgicale et des traitements hormonaux d'après le genre auquel s'apparentent de façon la plus *crédible* les organes génitaux de l'enfant. Certes, le caryotype (46 XX ou XY) demeure un critère de choix, mais il demeure problématique lorsqu'un enfant présente un caryotype XX et un pénis « apparemment normal », ou un caryotype XY et un pénis jugé « anormal », voire un clitoris. Alors qu'il est techniquement possible de faire un vagin à n'importe quel individu, un pénis fonctionnel est techniquement plus compliqué à réaliser. La technique médicale transformant un micro-pénis en un vagin consiste en effet à vider le corps caverneux du pénis puis à inverser le tissu phallique. La plupart des interventions chirurgicales dans le cadre des protocoles de « réassignation » ont donc pour critères *ultimes* : la taille du pénis ou du clitoris (au-dessus de 2,5 cm on tentera de « fabriquer » un pénis, au-dessous, un vagin et un clitoris), un vagin apte à la pénétration, la possibilité d'uriner en position féminine ou masculine (*i.e.* assise, debout). La pénétration est le seul critère d'un vagin réussi : l'amplitude de l'ouverture, la lubrification, la sensibilité orgasmique ne sont pas des priorités, alors que le pénis réussi doit être apte à l'érection et d'une taille acceptable pour les canons de la virilité. Aussi, dans le cas des nouveau-nés, témoignant de ce que l'on nomme une hypertrophie clitoridienne, c'est-à-dire possédant un clitoris ne répondant pas aux canons socialement admis de la génitalité féminine et pouvant s'accompagner d'anomalies vulvo-vaginales (lèvres demeurées plus ou moins collées), la solution communément admise a longtemps été la clitoridectomie totale. Au nom d'une normativité sociale en matière d'identité sexuelle (de genre et de sexualité), la médecine a donc procédé à l'ablation de tout l'organe clitoridien, c'est-à-dire qu'elle a procédé à des opérations de chirurgie esthétique supprimant toute possibilité orgasmique à des individus sains. Aujourd'hui même si des ischémies du gland clitoridien sont encore pratiquées, les médecins procèdent à une clitoridoplastie. Toutefois, ces opérations, comme la plupart des protocoles en matière d'intersexualité, demeurent exclusivement fondées sur une norme sociale.

Comment exprimer plus clairement que le vagin, le pénis, les lèvres et le clitoris ne fondent aucune bicatégorisation sexuelle « biologique », la définition de leur fonctionnalité obéissant aux seules prérogatives hétérosexistes du genre ? L'identité chromosomique ou les gonades ne sont pas la cause ultime du sexe (mâle/femelle), mais des facteurs déterminants du choix de l'identité sexuelle (de genre et de sexualité). Indices importants pour anticiper l'évolution possible de la sexuation à la puberté, ils sont également surinvestis par des parents déconcertés et inquiets de l'ambiguïté sexuelle de leur enfant et de ses conséquences psychologiques et sociales. Toutefois, celles-ci demeurent incommensurables au regard des divers traumatismes des enfants devenus adolescents ou adultes. Pour beaucoup d'entre eux, même si elles ont été décidées, les opérations tardives ou à répétition constituent une violence inouïe : toute réassignation impliquant systématiquement des opérations ablatives dites « préventives » (hystérectomie – ablation de l'appareil utérin –, mastectomie – ablation des glandes mammaires –, chondrolaryngoplastie – ablation de la pomme d'Adam –, orchidectomie – ablation d'un testicule), sachant que les traitements hormonaux engagés sont susceptibles de provoquer des cancers. La prétendue reconstruction du « vrai » sexe (mâle ou femelle) est d'autant plus coûteuse, qu'elle se fonde *in fine* sur l'arbitraire du genre et qu'elle n'efface jamais totalement les traces de la singularité d'une conformation sexuée, parmi tant d'autres possibles.

## « Le genre précède le sexe... »[1]

Le fait que le rapport de genre soit utilisé comme le fondement ultime de la bicatégorisation sexuelle, du sexe (mâle/femelle), ce dont témoignent les protocoles de réassignation de sexe effectués sur les enfants intersexes dès leur élaboration dans les années 1950, montre que la norme est exhibée dans toute sa dimension sociale et historique et s'expose à la contestation. Or, le risque est inévitable : soit on accepte qu'il n'y a pas de critère infaillible fondé en nature, c'est-à-dire que tous les critères dits « naturels » du sexe (mâle/femelle) sont faillibles et approximatifs, soit on choisit un critère social infaillible, mais dont la valeur normative est considérablement affaiblie du fait de son caractère social et donc conventionnel, voire arbitraire. Ainsi, en 1995, une enquête est

---

1. Christine Delphy, « Penser le genre », *L'ennemi principal*, II, *op. cit.*, p. 251.

menée par une équipe de médecins allemands, publiée dans le très sérieux *Journal of Urology*[1]. Réalisée sur 500 hommes génitalement « normaux » – c'est-à-dire déclarés mâles à la naissance et vivant pleinement comme des hommes – ayant effectué un passage à l'hôpital entre novembre 1993 et septembre 1994 pour un traitement bénin à l'urètre ou pour un cancer superficiel de la vessie n'ayant pas nécessité une intervention chirurgicale, l'enquête montre que 275 d'entre eux, soit 55 % des hommes pouvaient être labellisés « normaux » selon les critères médicaux de normalité pénienne appliqués aux enfants intersexes. Le reste, soit 45 % des hommes, témoignaient de différentes caractéristiques anatomiques ou physiologiques pouvant signifier, dans le cadre des critères appliqués aux enfants intersexes, une identité sexuelle ambiguë. Entre autres caractéristiques, on peut citer ce que les experts en intersexualité appellent une « hypospadie » ou *hypospadia,* c'est-à-dire une conformation anormale du canal de l'urètre (l'ouverture du canal, appelé chez l'homme le « méat urinaire », pouvant se situer sur une ligne menant de l'extrémité de la verge – ce que nous définirons comme son siège « commun » –, jus-

---

1. Jan Fichtner *et al.,* « Analysis of meatal location in 500 men : Wide variation questions need for meatal advancement in all pediatric anterior hypospadias cases », *Journal of Urology,* n° 154, 1995, p. 833-834. Selon cette enquête, seuls six hommes avaient le sentiment d'avoir une anomalie pénienne. Il faut rappeler que l'hypospadie est un phénomène fréquent, touchant 1/500 garçons, et qu'elle entraîne des problèmes pour l'essentiel esthétiques et plus rarement fonctionnels (infection, stérilité).

qu'au scrotum), pouvant être symptomatique, toujours pour ces mêmes médecins, d'une ambiguïté sexuelle nécessitant une intervention chirurgicale. Les critères socialement définis par les protocoles de réassignation de sexe mis en place lors de la naissance d'enfants intersexes, par exemple ceux qui définissent les normes de la virilité, sont donc à ce point drastiques et caricaturaux que, appliqués à l'ensemble de la population, ils jettent dans l'anormalité, non pas naturelle mais bien sociale, près de la moitié de la population, en l'occurrence masculine. Ainsi, on pourra toujours arguer que les cas d'intersexualité ne représentent qu'environ 2 % des naissances – pourcentage déjà relativement important s'il en est. Toutefois, il ne s'agit là que des cas diagnostiqués dans le contexte hospitalier. En appliquant les critères utilisés par les équipes médicales à tous les nouveau-nés, jugés conformes en matière de sexe (mâle/femelle), nous parviendrions certainement à des chiffres bien plus conséquents, qui invalideraient le traitement de la question du sexe selon la distinction conceptuelle normal/pathologique, naturel/exceptionnel. La bicatégorisation est par là même invalidée non seulement comme norme – naturelle –, mais aussi comme moyenne. Dans ces conditions, ce sont bien les critères discriminants, élaborés dans le cadre d'une politique de normalisation des corps sexués, qui minent la définition même du normal en matière de processus de sexuation biologique ; car, dès lors que nous déjouons son application *ad hominem* aux anormaux, pour appliquer ses propres critères à la population dite « normale », nous assistons à la *pathologisation* inévitable de

## L'historicité du sexe

cette dernière. Comment, pouvons-nous penser la multitude des conformations sexuelles ? D'aucuns figureront cette multitude par l'idée d'un continuum des sexes. Mais l'idée de continuum reconduit la binarité en posant deux pôles extrêmes – un appareil génital « typiquement » féminin et un appareil génital « typiquement » masculin – entre lesquels se situe une myriade de conformations plus ou moins mixtes. Plutôt que continuum, il me semble que si nous appliquons tous les critères normatifs, relatifs aux facteurs biologiques de sexuation (gonadiques, hormonaux, chromosomiques), nous avons tout intérêt à parler d'idiosyncrasies sexuelles, dont la seule polarisation possible est l'aptitude à la reproduction (sachant qu'il existe nombre d'individus typiquement « femelle » ou « mâle » qui sont stériles et nombre d'individus intersexes féconds, par exemple). Mais il faut garder comme garde-fou critique que l' « aptitude à la reproduction » n'existe jamais en soi, qu'elle fait toujours l'objet d'une division sociale du travail sexuel reproductif. Comme l'écrit Hélène Rouch, il faut donc se prémunir d'une « confusion systématiquement pratiquée entre attributs de sexe, comportement sexuel et rôle dans la reproduction » laquelle « conduit à bien des amalgames : entre l'individu et l'espèce (la reproduction considérée comme nécessaire pour l'individu alors qu'elle ne l'est qu'à la survie de l'espèce) ; entre sexuation et sexualité (l'hétérosexualité comme norme, l'homosexualité comme marginalité, voire anormalité) ; entre sexualité et reproduction (la sexualité reproductive comme seule forme de sexualité : amalgame particulièrement étonnant

*Sexe, genre et sexualités*

si l'on songe à la perte de l'œstrus dans l'espèce humaine) »[1].

Si la crise du fondement naturel du sexe (mâle/femelle) permet de maintenir le rapport de genre en état, elle est d'abord l'effet d'une distorsion entre théorie et pratique scientifiques, qui est à la fois l'effet de la crise et la solution de cette dernière. La crise est maintenue comme telle. Elle est une situation scientifique de statu quo qui résout un problème politique, à savoir la réification des catégories, non pas naturelles mais politiques, de sexes : maintenir la recherche du fondement naturel du sexe en suspens, utiliser « faute de mieux » ou « en attendant » un critère doxico-pratique – le genre. L'obstacle qui produit une telle situation critique est clairement un obstacle politique relatif à un rapport de pouvoir. Dans cette perspective, la crise du sexe révèle bien la dimension historique du rapport de genre : comme régime d'exercice de la médecine du sexe, la crise est l'expression même de l'historicité d'un rapport de domination qui se modifie, mute et doit constamment redéfinir son système catégoriel pour assurer les conditions de sa reproduction. Or, seule une situation critique permet une telle reconfiguration permanente. Toutefois, la conséquence est que ce système catégoriel est clairement exhibé comme un système catégoriel social et historique et non fondé en nature. Ainsi, prise en ce sens, la crise permet certes au savoir médical de fonctionner,

---

1. Hélène Rouch, « Les nouvelles techniques de reproduction : vers l'indifférenciation sexuelle ? », *in* A. Ducros et M. Panoff (dir.), *La frontière des sexes,* Paris, PUF, 1995, p. 244.

mais elle est aussi une constante prise de risque qui expose ce savoir dominant à la contestation. Le régime de crise est donc à la fois une modalité théorico-pratique qui permet d'assurer la pérennité d'un rapport de pouvoir, mais une prise de risque, une exposition du savoir à être contesté et renversé, dans la mesure où il exhibe sa propre historicité. Ainsi, les résultats de cette recherche réalisée par une équipe allemande qui a appliqué les critères du « sexe » à la population déclarée « normale » à la naissance, infirment l'idée selon laquelle l'intersexualité est une « erreur » de la nature qu'il faudrait rectifier, comme on rectifie un colon inachevé, par exemple. La situation de crise est ici l'occasion d'une production de données qui infirment la théorie en vigueur. Elle est également l'occasion d'une production de savoirs hétérodoxes, contestataires, qui viennent miner et concurrencer les théories dominantes – par exemple, ceux produits par les associations d'intersexes (enquêtes, témoignages, théories de la sexuation concurrentes, pratiques alternatives de soin).

Tout au long de l'histoire du sexe, le système catégoriel qui a prévalu a connu des crises dont certaines, comme maintenues en l'état, ont clairement permis d'assurer la reproduction d'un rapport de genre. Au regard de cette histoire, on pourrait proposer une épistémologie de l'histoire politique des sciences qui tente de montrer que la crise doit paradoxalement être définie comme une modalité possible du savoir dominant, qui garantit l'exercice d'un pouvoir et assure sa reproduction, tout autant qu'elle l'expose comme dispositif de savoir/pouvoir historique et partant contestable et contesté. L'enjeu d'une telle approche pourrait ainsi permettre d'affiner notre définition même du concept de genre. Dans cette perspective, le genre peut être défini comme un rapport de pouvoir qui assure sa reproduction en partie grâce aux mutations du système catégoriel qu'il produit et sur lequel il s'adosse. Mais, en faisant cela au su et au vu de tous, comme dans le cas des protocoles pour intersexes, il s'expose pleinement dans toute son historicité : son histoire est celle de ses multiples crises et des multiples mutations qu'ils opèrent sur les corps, au gré du rapport de force qui l'ébranle et le menace. La capacité normative du genre, le fait que ce rapport social parvienne à substantialiser le processus de sexuation en deux sexes biologiques, en dépit d'une normativité naturelle polymorphe, tient donc à sa capacité à maintenir un régime théorique et pratique en crise. Face à la multiplicité des configurations sexuelles possibles, la norme de genre ne parvient à les réduire à une binarité prétendue « essentielle », que parce qu'elle est en mesure d'*opérer* sur ces corps de constantes mutations.

## « *Nos corps, nous-mêmes* »

> « Chaque nouvelle génération doit apprendre et assumer son destin sexuel, chaque personne doit être encodée selon le statut approprié à l'intérieur du système. »
>
> Gayle Rubin[1].

### ... mais la sexualité précède le genre

La critique des concepts scientifiques pour penser le processus biologique de sexuation, comme les pratiques et les normes médicales en matière d'identité sexuelle, nous ramène au concept de genre, en tant qu'il préside à la définition même de cette identité. Or, le concept de genre est lui-même déterminé par la sexualité, comprise comme système politique, en l'occurrence l'hétérosexualité reproductive, qui définit le féminin et le masculin par la polarisation sexuelle socialement organisée des corps. Dans cette perspective, si le genre précède le sexe, nous devons admettre que la sexualité précède le genre. Si nous sommes parvenus à *désubstantialiser* le sexe, nous ne sommes pas pour autant parvenus à nous débarrasser de son emprise. En effet, les discours naturalistes de l'identité sexuelle peuvent, paradoxalement, se passer aisément d'une référence

---

1. Gayle Rubin, *L'économie politique du sexe : transactions sur les femmes et systèmes de sexe/genre,* 1975, trad. N.-C. Mathieu, *Cahiers du CEDREF,* n° 7, 1998, p. 37.

*Sexe, genre et sexualités*

primaire à la Nature et lui substituer un ordre tout aussi impérieux : l'*Ordre symbolique*[1]. Autrement dit, la plasticité de la chair des corps sexués peut être reconnue, il n'en demeure pas moins que, pour un certain discours, l'hétérosexualité est, à un niveau symbolique, la structure psychique sans dehors dans laquelle chaque individu, non seulement se socialise, mais parvient au statut de *sujet*. Sujet au double sens philosophique et psychanalytique. Si nous laissons provisoirement de côté les expressions ouvertement sexistes de ce discours, nous retrouvons également ici l'une des sources d'une certaine pensée féministe dite « essentialiste », laquelle se caractérise par un postulat majeur : la division binaire de l'humanité en hommes et femmes – que cette binarité soit physiquement et/ou biologiquement fondée ou non – et la déréalisation ou la négation de toutes les identités sexuelles qui ne peuvent être subsumées sous ces deux seules catégories[2].

Les deux sources majeures de cette pensée de l'essentialisme symbolique ou culturaliste des sexes sont la psychanalyse et l'anthropologie structuraliste. Deux sources que Monique Wittig appelle « la pensée *straight* » : « femme »,

---

1. Pour une critique de l'ordre symbolique et de ses usages politiques : D. Borillo *et al., Au-delà du PACS : l'expertise familiale à l'épreuve de l'homosexualité,* Paris, PUF, 1999.
2. « La mixité de l'humanité, relative à la division du rôle des sexes dans la génération, n'est pas seulement, de notre point de vue, une donnée de l'anthropologie physique : elle est aussi une dualité culturelle structurante et une valeur, car elle est génératrice de singularité et d'hétérogénéité » (Sylviane Agacinski, *Politique des sexes,* Paris, Le Seuil, 1998, p. 36).

*« Nos corps, nous-mêmes »*

« homme », « différence », mais aussi « histoire », « culture », « réel », « fonctionnent comme des concepts primitifs dans un conglomérat de toutes sortes de disciplines, théories, courants, idées que j'appellerai "la pensée *straight*" » et qui se caractérise par sa « tendance immédiatement totalisante »[1]. Nous reprendrons ici la base des critiques adressées à ces deux discours par la pensée féministe matérialiste. L'une des références en la matière est un texte publié pour la première fois en 1975 aux États-Unis par l'anthropologue Gayle Rubin : *L'économie politique du sexe : transactions sur les femmes et systèmes de sexe/genre*. S'inscrivant de façon critique dans la tradition marxiste, Gayle Rubin considère que les besoins de sexualité et de procréation doivent, comme tout autre besoin, être satisfaits, mais que « ces besoins ne sont presque jamais satisfaits sous forme "naturelle", pas plus que ne le sont les besoins de nourriture [...]. Chaque société a [...] *un système de sexe/genre* – un ensemble de dispositions par lesquelles le matériel biologique brut du sexe et de la procréation est façonné par l'intervention humaine, sociale, et satisfait selon des conventions, aussi bizarres que puissent être certaines d'entre elles »[2]. C'est là le concept central de la pensée de Rubin : le « système de sexe/genre ». Il désigne les multiples modalités, historiques et sociales, par lesquelles sont satisfaits les

---

1. Monique Wittig, *La pensée straight,* trad. M.-H. Bourcier, Paris, Balland, 2001, p. 71. Et que Christine Delphy appelle le *« tas »* – de représentations (*L'ennemi principal,* II, p. 259).
2. Gayle Rubin, *L'économie politique du sexe, op. cit.,* p. 13-14. C'est moi qui souligne.

besoins sexuels, entendus au sens le plus large possible sur le modèle des besoins alimentaires, par exemple. Pour travailler son concept, Rubin procède à une interprétation libre des travaux de Freud et de Lévi-Strauss, considérant qu'ils nous ont donné des outils conceptuels déterminants pour comprendre ces modalités historico-sociales de satisfactions des besoins sexuels, totalement délaissées par le marxisme. Toutefois, dans la pensée de Rubin, Freud et Lévi-Strauss occupent une place analogue à celles de Ricardo et de Smith dans la pensée de Marx : « Ils ne voient ni les implications de ce qu'ils disent, ni la critique implicite que leur travail peut suggérer lorsqu'il est soumis à un œil féministe »[1], écrit Gayle Rubin. La ligne de force critique de l'examen de Rubin est celle-ci : la psychanalyse et le structuralisme ont magistralement décrit la violence des processus de subordination et de conditionnement psychiques et sociaux qui président à la production d'individus sexués, comme les effets en retour que produisent ces processus sur les femmes et les hommes, en tant qu'individus sociaux. Or, la limite de ces théories est qu'elles ont tenté de rationaliser ces processus de domination en les définissant soit comme des structures nécessaires au développement psychique des individus, soit comme des structures invariantes de toute culture ou société humaines, détachant ici l'ordre symbolique de la différence sexuelle de sa forme sociale et politique : l'hétérosexualité obligatoire.

1. *Ibid.*, p. 5.

*« Nos corps, nous-mêmes »*

Avec Gayle Rubin, je m'attacherai davantage à la critique de la psychanalyse, qui me sera utile dans la suite de mon propos. Se concentrant sur la construction psychique de la féminité, Rubin considère que : « Les essais de Freud sur la féminité peuvent être lus comme des descriptions de la manière dont un groupe est préparé psychologiquement, depuis la tendre enfance, à vivre avec son oppression. »[1] Son exemple privilégié est le « complexe d'Œdipe ». L'application du « complexe d'Œdipe » au développement psychique des petites filles a toujours posé un certain nombre de difficultés. Jusqu'à la fin des années 1920, le mouvement psychanalytique s'était plus ou moins contenté d'une variante du complexe d'Œdipe chez les femmes. Posant l'existence de deux sexes et, selon un raisonnement finaliste, pensant la reproduction comme la fin de la sexualité, on supposait que les deux sexes étaient nécessairement soumis à une loi de l'attraction sexuelle où le *Même* est attiré par l'*Autre* et inversement. En conséquence, de la même façon que le premier objet de désir du petit garçon est la mère, le premier objet de désir de la petite fille est le père, d'où l'hypothèse d'un « complexe d'Électre », expression féminisée du complexe d'Œdipe. Freud ne s'est jamais satisfait d'une telle hypothèse, qui tenait d'une application simpliste du complexe d'Œdipe[2]. Ses insatisfactions l'ont ainsi amené à admettre une « phase préœdipienne ». Freud observe en effet que, jusqu'à un certain âge – ce qu'il

1. *Ibid.*, p. 53.
2. Cf. *ibid.*, p. 39-40.

appelle la « phase préœdipienne » –, les enfants peuvent être décrits comme bisexuels ; c'est-à-dire, si l'on suit la démonstration freudienne, qu'ils témoignent d'attitudes libidinales « passives » et « actives », ce qui rend des plus problématiques l'application des catégories communément admises de « féminin » et « masculin » et met en doute l'idée selon laquelle il existe des « identités de genre primordiales »[1]. Comme l'écrit Freud lui-même : « Il appartient à la psychanalyse non pas de décrire ce qu'est la femme [...] mais de chercher comment l'enfant à tendance bisexuelle devient une femme. »[2]

Bien que les tendances bisexuelles des enfants soient naturelles, il faut des hommes et des femmes, il faut donc une loi qui préside à cette différenciation : d'où l'hypothèse de la castration. Cette loi allant, par définition, à l'encontre de tendances naturelles, elle ne peut être que sociale. Pourtant, Freud réintroduit un prétexte prétendument anatomique à cette loi : d'une part, en postulant que la mère ne peut être satisfaite que par un pénis, alors que la petite fille se satisfait par son clitoris (d'où l'idée freudienne selon laquelle la comparaison du clitoris de la petite fille d'avec le pénis la laisse dans un sentiment d'infériorité et suscite la reconnaissance de sa propre castration) ; d'autre part, et en conséquence, que le phallus – signification symbolique du pénis – donne une position de pouvoir par rapport à l'« être

---

1. *Ibid.,* p. 41.
2. Sigmund Freud, « La féminité », 1932, in *Nouvelles conférences sur la psychanalyse,* cité par Gayle Rubin, *L'économie politique du sexe, op. cit.,* p. 41.

castré ». Le raisonnement pêche selon un préjugé et une pétition de principe : premièrement, que la satisfaction que se représente la petite fille est nécessairement coïtale, alors que la petite fille est sexuellement satisfaite par/avec son clitoris ; deuxièmement, Freud prend le phallus comme un argument censé rendre raison de la domination phallique, et démontre un rapport de pouvoir par son état de fait – le phallus institue un rapport de domination et c'est pour cela qu'il est lui-même signifié comme gage symbolique de domination. Par conséquent, « la mère, et par extension l'ensemble des femmes, ne peut être aimée de façon convenable que par quelqu'un "qui a un pénis" (phallus). Comme la fille n'a pas de "phallus", elle n'a aucun "droit" d'aimer sa mère ni une autre femme, puisqu'elle est elle-même destinée à un homme [...]. Ce n'est pas en raison d'une supériorité naturelle du pénis, ni en soi ni comme instrument pour faire l'amour qu'elle parvient à sa conclusion. La disposition hiérarchique des organes génitaux mâles et femelles provient des définitions de la situation – la règle de l'hétérosexualité obligatoire et l'assignation des femmes (*i.e.* sans phallus, castrées) aux hommes (*i.e.* avec le phallus) »[1]. Alors que dans le complexe d'Œdipe, le petit garçon ne renonce qu'à sa mère, la petite fille en renonçant à sa mère, renonce aussi à toutes les autres femmes, renforçant par là le pouvoir phallique qu'elle ne sera jamais censée posséder, et deviendra une femme, c'est-à-dire « La Femme », une personne sexuellement passive, ce qu'institue la pénétration comme idéal de l'hétérosexualité. « Si les femmes, en pre-

1. Gayle Rubin, *L'économie politique du sexe, op. cit.,* p. 50.

nant place dans un système sexuel, sont dépouillées d'une part de libido et mises de force dans un érotisme masochiste, pourquoi les analystes n'argumentent-ils pas en faveur de dispositions nouvelles au lieu de rationaliser les anciennes ? »[1]

Comme l'analyse la philosophe et psychanalyste française Sabine Prokhoris, le complexe d'Œdipe est la pierre de touche de l' « ordre symbolique », lequel repose sur un dogme, ce qu'elle nomme la *« différencedessexes »*. Dans la version canonique du complexe d'Œdipe, le père sépare l'enfant de la mère. L'enfant apparaît alors comme la confirmation des signifiants de la sexuation : le père, porteur du phallus, la mère, phallus castré. Dans ce dispositif, c'est l'enfant qui devient le signifiant du « phallus castré » de la mère, le substitut du pénis. « C'est-à-dire qu'il n'y aura de "femme" que faite telle par la castration qui, détachant d'elle son enfant-pénis, prouvera la vérité de la "différencedessexes" dans la castration [...]. [L'enfant] sera le signifiant efficace permettant et de produire une femme, et de prouver la loi du père, ce qui reviendra à produire un homme. »[2] Homme et femme ne sont donc que des signifiants qui prennent corps par et dans l'instauration de l'ordre hétérosexuel reproductif. On assiste ainsi à « une opération transsexuelle en quelque sorte »[3], non pas d'un sexe à l'autre, mais du « hors sexe » à l'*ordre sexuel*.

1. *Ibid.,* p. 54.
2. Sabine Prokhoris, *Le sexe prescrit. La différence sexuelle en question,* Paris, Flammarion, 2000, p. 243-244.
3. *Ibid.*

*« Nos corps, nous-mêmes »*

Pour Gayle Rubin, cet avant de l'ordre sexuel a clairement des bases matérielles. La théorie freudienne explicite la fabrique psychique des dominées et des dominants, ici des femmes et des hommes, mais omet d'interroger les conditions matérielles de l'inconscient. Pour renverser ces modalités effectives de satisfaction des besoins sexuels, il est nécessaire, selon elle, d'agir sur la division sexuelle du travail et notamment du travail domestique. La construction psychique des sexes, s'adosse en effet à une division du travail dans laquelle la mère se trouve en position d'objet sexuel primaire, occasion de l'hétérosexualisation du désir et de la différenciation sexuelle des enfants en hommes et femmes. « Si la division sexuelle du travail était telle que les adultes des deux sexes s'occupent à égalité des enfants, le choix d'objet primaire serait bisexuel »[1] et, partant, beaucoup plus conforme aux tendances psychiques et anatomiques naturelles des corps. Si pour la psychanalyse, il s'agit de socialiser, voire de transcender, cette *psyché* sauvage, ce non-ordre sexuel, comment comprendre dans l'économie de ce discours le recours récurrent au prétexte anatomique pour légitimer l'hétérosexualité comme norme psychosociale d'organisation des besoins et des désirs ? On comprend dès lors, pourquoi la maternité – c'est-à-dire l'hétérosexualité reproductrice – doit être maintenue *manu militari* comme une dimension intrinsèque de la féminité, puisque, si paradoxal que cela puisse paraître : sans enfant, point de sexe.

---

1. Gayle Rubin, *L'économie politique du sexe, op. cit.*, p. 56.

## *« Mon corps m'appartient »*

La critique féministe de l'hétérosexualité, définie comme régime politique, peut se résumer en trois grandes positions schématiques. La première critique s'est développée selon deux traditions de pensée : celle du féminisme « radical » (appellation étatsunienne) et celle du féminisme essentialiste. Pour le féminisme radical, l'hétérosexualité est *intrinsèquement* oppressive pour les femmes car elle est l'expression même de la domination de genre, dont le paroxysme est la prostitution[1]. L'hétérosexualité est fondée sur la distinction hiérarchique des sexes, lesquels déterminent la sexualité. Autrement dit, hommes et femmes comprennent dans leur définition même, la position (dominante ou dominée) qu'ils occupent respectivement dans la sexualité. Pour le féminisme essentialiste, la critique de l'hétérosexualité consiste plutôt à montrer que l'hétérosexualité réelle contredit l'essence même de l'*hétéro-sexualité*. Il n'est pas question du Même et de l'Autre dans l'hétérosexualité, individuellement vécue et socialement organisée, mais du rabattement autoritaire de l'Autre sous l'empire du Même. Si toute sexualité est une expérience de l'altérité, l'hétérosexualité effective est une expérience malheureuse et s'apparente toujours à la négation du féminin, comme figure de l'Autre[2]. La seconde

1. Voir le développement sur la pensée de Catharine McKinnon dans le chapitre « La technologie pornographique ou la "vérité" du sexe » dans ce volume.
2. Voir l'œuvre de Luce Irigaray et la lecture particulièrement riche qu'en fait Naomi Schor, « Cet essentialisme qui n'(en) est pas un », *Futur antérieur,* Supplément, 1993.

*« Nos corps, nous-mêmes »*

critique rejette l'essentialisation tendancielle de la différence sexuelle et, par conséquent, de l'hétérosexualité ou de l'homosexualité : elles sont des *pratiques* et ne renvoient pas à une identité originaire – comme si les individus « naissaient » hétérosexuel ou homosexuel. Ces pratiques s'inscrivent dans des dispositifs de pouvoir polarisé historicisables et sont diversement codifiées selon les rapports de genre, de classe ou de couleur. La question ici n'est pas tant « avec qui fait-on du sexe ? », mais bien « comment fait-on du sexe ? ». Il s'agit d'une critique de l'hétérosexualité, comme entité « discrète », au profit d'une conception continuiste des multiples pratiques sexuelles. Enfin, la troisième critique s'attache davantage à l'hétérosexualité en tant qu'elle participe d'une « gestion sociale de la reproduction »[1], à laquelle elle est historiquement associée. Ce concept, développé par l'anthropologue Paola Tabet, désigne les dispositifs historiques d'organisation de la sexualité reproductive. Ces dispositifs varient selon les sociétés et les époques, et sont différents pour les femmes et pour les hommes (âge légal du mariage, initiation sexuelle différenciée, exaltation ou non de la virginité, polygamie/polyandrie *vs* monogamie/monoandrie, accès licite ou illicite aux pratiques ou techniques anticonceptionnelles, etc.). Elle montre que l'hétérosexualité, monogame et reproductive, fonctionne comme une domestication de la sexualité des femmes les exposant *maximalement* au coït reproducteur. Cette critique matéria-

1. Voir Paola Tabet, *La construction sociale de l'inégalité des sexes*, Paris, L'Harmattan, 1998.

liste pense l'hétérosexualité dans le cadre plus large d'une division du travail sexuel. Cette division du travail sexuel reproductif et non reproductif s'opère dans « un continuum de l'échange économico-sexuel »[1] (qui va de la galanterie au mariage, en passant par la prostitution). Le corps des femmes constituant leur seule ressource, cet échange est *asymétrique* : les femmes sont une « classe » contrainte d'échanger des services sexuels contre rétribution. Cette dernière critique pose ainsi la question de la propriété du corps des femmes à un triple niveau : l'hétérosexualité légale – symbolisée par le contrat de mariage – a historiquement été un mode d'appropriation du corps des femmes[2] et de leur travail sexuel ; le droit à la contraception et à l'avortement participe d'une réappropriation du corps des femmes par elles-mêmes ; toutefois, l'argument de la « propriété de son corps » ne règle pas la question des conditions matérielles de jouissance effective de ce droit. Il est une condition suffisante mais non nécessaire de l'échange sexuel équitable entre hommes et femmes. Ces conditions matérielles comportent, entre autres, une véritable éducation sexuelle. Le droit des femmes à disposer de leur corps suppose une politique sociale d'égalité. Si tel n'est pas le cas, ce droit des femmes peut toujours être conditionné par des impératifs populationnistes. Or, ces impératifs se sont classiquement exprimés

---

1. Paola Tabet, « La grande arnaque », *Actuel Marx,* n° 30, 2001, p. 139. Voir également, Gail Pheterson, *Le prisme de la prostitution,* trad. N.-C. Mathieu, Paris, L'Harmattan, 2001.

2. En France, il faut attendre 1992 pour que soit officiellement reconnu le « viol conjugal ».

*« Nos corps, nous-mêmes »*

dans les termes d'un conflit entre « droits des femmes » et « droit à la vie des enfants à naître ». Le choix des femmes en matière de maternité, laquelle engage ce qu'elles entendent faire avec et de leur corps, est ainsi régulièrement mis en cause par diverses autorités (politiques, militaires, religieuses, morales). L'enjeu renvoie à la question de la définition de l'individu et donc à celle de l'individualité comme support de droits. Historiquement, la théorie féministe française a davantage privilégié cette argumentation à celle de l'individualisme possessif : l'obtention du droit de propriété des femmes sur elles-mêmes ne faisant sens qu'à la condition que les femmes puissent effectivement, souverainement, s'en réclamer.

Dans la théorie féministe anglophone, c'est davantage au nom de la « propriété de son corps » que la plupart des pays démocratiques ont légalisé l'avortement. En 1971, la philosophe Judith Jarvis Thomson publie un article de référence en la matière, deux ans avant que la Cour suprême des États-Unis ne rende son jugement dans l'affaite Roe *vs* Wade, faisant jurisprudence en matière de droit à l'avortement. L'argumentation logique de Thomson porte spécifiquement sur la prémisse suivante « le fœtus est un être humain ». Thomson considère que le débat sur la viabilité du fœtus participe d'une argumentation dite de la « pente savonneuse », c'est pourquoi elle choisit d'entamer le débat en acceptant la prémisse des « pro-vie » : le fœtus est un être humain à partir du moment de sa conception. Toute personne a droit à la vie. Donc le fœtus a droit à la vie – raisonnement qui autoriserait les détracteurs du droit à l'avortement à défendre légitimement son interdiction contre le droit des femmes à décider de ce qui doit advenir de et dans leur corps[1].

Thomson soumet au lecteur la situation suivante : un matin, vous vous réveillez et vous vous retrouvez face à un célèbre violoniste inconscient, dont le système de drainage a été relié au vôtre. On vous explique qu'on lui a diagnostiqué une maladie rénale fatale et que vous êtes le seul à posséder le type sanguin adéquat pour le sauver. Vous avez été kidnappé par la Société des amis de la musique (SAM). Le directeur de l'hôpital vous rassure : « Écoutez, nous sommes désolés que la SAM vous ait fait cela [...]. Mais ce n'est pas grave, cela ne durera que neuf mois. »[2] La question est : *peut-on moralement exiger de vous que vous acceptiez cette situation ?*

Thomson envisage la « position extrême » : l'avortement est inacceptable, même pour sauver la vie de la mère. Le fait d'avoir branché le violoniste sur votre rein met votre vie en danger. Vous avez également un droit à la vie : que faire ? La réponse communément admise est de distinguer ce qui constitue un « meurtre » (tuer directement le violoniste pour vous sauver) et ce qui constitue un « laisser

---

1. Judith Travis Thomson, « Une défense de l'avortement », 1971, *Raisons politiques,* n° 12, 2003-2004, p. 3. Au moment où j'écris ce texte, la Cour de cassation vient de rendre un arrêt autorisant la déclaration à l'état civil d'un fœtus né sans vie, quel que soit le stade de son développement, ouvrant la voie d'une reconnaissance du fœtus comme « personne », contre la définition de la viabilité du fœtus établie par l'OMS en 1977 (et reconnue par la France en 2001) : un poids supérieur à 500 g et une grossesse de vingt-deux semaines.

2. *Ibid.,* p. 4.

*« Nos corps, nous-mêmes »*

mourir » (s'abstenir de vous empêcher de mourir). Thomson considère que si vous débranchez vous-même le violoniste afin de sauver votre propre vie, il ne s'agit pas d'un meurtre. Cela pose simplement la question des limites du droit à l'autodéfense : toute réaction doit être immédiate et proportionnelle à la menace effective (ici torturer le violoniste serait considéré comme débordant les limites strictes de l'autodéfense). En revanche, la question se repose si nous avons besoin d'une tierce personne pour le faire. Est-il moral de lui demander de tuer le violoniste pour nous sauver ? Thomson élabore donc une autre situation : « Si Jones a trouvé un manteau et se l'est approprié, manteau dont il a besoin pour se protéger du froid, mais dont Smith a aussi besoin pour se protéger du froid, il n'y a aucune impartialité à dire *je ne peux pas choisir entre vous* si Smith est le propriétaire du manteau. »[1] Or, le corps des femmes est équivalent au manteau de Smith. On peut personnellement refuser d'être celui qui porte la main sur Jones, mais la justice peut exiger de quelqu'un qu'il reprenne le manteau à Jones. Selon Thomson, en matière d'avortement, on oblige les femmes à endosser non seulement le rôle de Samaritains minimalement décents (ce que requièrent les législations sur le devoir d'assistance aux personnes en danger, par exemple), mais aussi celui de Samaritains extraordinaires, ce que l'on n'exige pas des autres membres de la société.

Judith Thomson examine ensuite une nouvelle situation, certainement la plus courante en matière de droit à

1. *Ibid.,* p. 15.

*Sexe, genre et sexualités*

l'avortement : la situation où la vie de la mère n'est pas en danger. Cette situation pose la question du « droit à la vie ». « Si je suis gravement malade et que la seule chose qui sauvera ma vie est que Henry Fonda touche mon front fiévreux de sa main apaisante [...]. Je n'ai aucun droit à obtenir qu'Henry Fonda touche mon front fiévreux de sa main apaisante. Ce serait adorable de sa part [...]. Mais je n'ai pas de droit qui m'autorise à exiger d'un individu qu'il fasse cela pour moi. »[1] Le droit à la vie n'implique pas le droit d'obliger autrui à vous sauver la vie. Ce qui est en jeu, c'est donc le « droit à la vie », envisagé non plus du point de vue du droit d'obtenir quelque chose d'autrui, mais du point de vue du droit de ne pas être tué par qui que ce soit. Or, si le droit à la vie constitue pour Thomson « le test de l'acceptabilité d'une théorie des droits. [Elle] prétend simplement qu'avoir un droit à la vie ne garantit aucunement, soit un droit d'obtenir l'usage du corps d'une autre personne, soit un droit d'utiliser de manière continue le corps d'une autre personne – même dans le cas où l'on en a besoin pour continuer à vivre »[2]. La question peut être formulée autrement. Priver quelqu'un de quelque chose qui lui permettrait de vivre, n'est-ce pas le priver de quelque chose auquel il a droit et donc le traiter de façon injuste ? La réponse de Thomson consiste à distinguer le droit à la vie comme le droit de ne pas être tué et le droit de ne pas être tué de façon injuste. « Il ne suffit

1. *Ibid.*, p. 19.
2. Judith Travis Thomson, « Une défense de l'avortement », *op. cit.*, p. 21.

*« Nos corps, nous-mêmes »*

absolument pas de montrer que le fœtus est une personne et de rappeler que toutes les personnes ont un droit à la vie, on doit nous démontrer aussi que tuer le fœtus viole son droit à la vie, en d'autres termes, que l'avortement tue de façon injuste. Mais est-ce le cas ? »[1]

Il faut alors se demander si le fœtus a été invité par la femme, ce qui soulève la question de la responsabilité des femmes. Si l'existence du fœtus est le résultat d'un acte volontaire entrepris en toute connaissance des risques de grossesse, la femme n'est-elle pas responsable du fœtus et ce dernier n'est-il pas en droit d'exiger qu'elle préserve sa vie ? Cette argumentation soulève un certain nombre de difficultés quant à la définition même de la responsabilité. Deux illustrations : « Si la pièce est mal ventilée et que j'ouvre la fenêtre pour l'aérer, et qu'un cambrioleur y pénètre, il serait absurde de dire : "Ah ! Maintenant il peut rester ! Elle lui a donné le droit d'utiliser sa maison – puisqu'elle est en partie responsable de sa présence à l'intérieur, ayant accompli volontairement ce qui lui a permis d'y pénétrer, en pleine connaissance du fait qu'il existe des choses telles que les cambrioleurs, et que les cambrioleurs cambriolent". »[2] Et quand bien même il y aurait des barreaux aux fenêtres, mais qu'un cambrioleur se serait malgré tout introduit dans la maison, parce que les barreaux sont défectueux, est-il tenable de rendre la personne responsable du cambriolage dont elle a été victime ? Deuxième illustration : « Les graines de personnes flottent

1. *Ibid.,* p. 24.
2. *Ibid.,* p. 28.

en l'air comme le pollen et si vous ouvrez vos fenêtres, l'une d'elles peut entrer chez vous et prendre racine dans vos moquettes ou vos tapisseries. Comme vous ne voulez pas d'enfant, vous installez sur vos fenêtres des écrans de filtrage à mailles très fines de la meilleure qualité que vous pouvez vous offrir. Il se peut cependant qu'à de très très rares occasions, l'un de ces écrans soit défectueux et qu'une graine pénètre chez vous et prenne racine. La personne-plante qui pousse chez vous a-t-elle le droit d'utiliser votre maison ? » Dans ce raisonnement, la responsabilité de la personne est engagée tant qu'elle n'a pas enlevé toutes ses moquettes et tapisseries et scellé ses fenêtres. Autrement dit, une femme pourrait être tenue pour responsable de la vie du fœtus, dans le cadre d'une grossesse non désirée, à moins d'avoir procédé à une hystérectomie, ce qui est absurde.

La contribution de Thomson au débat sur le droit à l'avortement, en usant des outils de la philosophie analytique, a le mérite de déplacer les termes dans lequel il tend à se cristalliser (certaines femmes « abuseraient » de ce droit en raison même de techniques abortives moins « traumatisantes » qu'autrefois, et donc leur droit au confort primerait sur le « droit à la vie », alors que d'autres n'obtiendraient pas la reconnaissance de leur peine d'avoir perdu un fœtus, dans le cadre d'un projet parental mû par le désir). Il ne dispense pas, toutefois, d'une perspective historique sur les droits reproductifs, qui renvoie à la généalogie du sujet politique du féminisme.

## « *Nos corps, nous-mêmes* »

### « *Les lesbiennes ne sont pas des femmes* »[1]

Pour toute une partie du féminisme, héritier du matérialisme historique, l'hétérosexualité constitue un système politique d'oppression qui institue des groupes prétendument « naturels » – les hommes et les femmes. « C'est l'oppression qui crée le sexe et non l'inverse. L'inverse serait de dire que c'est le sexe qui crée l'oppression ou de dire que la cause (l'origine) de l'oppression doit être trouvée dans le sexe lui-même, dans une division naturelle des sexes qui préexisterait à (ou existerait en dehors de) la société. »[2] C'est donc l'idée de la naturalité des catégories de sexe qui permet de naturaliser un système politique : l'hétérosexualité.

Dans la pensée de Monique Wittig, l'oppression systémique se fonde sur une exploitation économique : l'assignation des femmes au travail de reproduction de l'« espèce », dont bénéficie les hommes en s'appropriant non seulement ce travail et ses produits (les enfants, et partant l'ensemble de la filiation[3], mais aussi le temps dégagé grâce à l'assignation des femmes aux tâches de reproduction de la force de travail et au soin des enfants), mais aussi le corps entier des travailleuses. Sur ce dernier point, Wittig se réfère au concept classique élaboré par Colette Guillau-

---

1. Monique Wittig, *La pensée straight, op. cit.*, p. 76.
2. *Ibid.*, p. 42-43.
3. Que les réformes du Code de la famille de ces trente dernières années, limitant ou éliminant la référence aux droits maritaux ou paternels, au profit des droits conjugaux et parentaux, viennent relativement nuancer.

min : le *sexage*. Aussi, chez Wittig, comme chez Guillaumin, la condition des femmes, en tant que classe, s'apparente davantage à la condition des serfs ou des esclaves qu'à celle des prolétaires, au sens où leur personne entière est la propriété des dominants et non pas seulement leur travail. « Ce n'est pas la force de travail, distincte de son support/producteur en tant qu'elle peut être mesurée en "quantités" (de temps, d'argent, de tâches) qui est accaparée, mais son origine : la machine-à-force-de-travail. »[1]

On ne peut comprendre l'analogie entre servage, esclavage et sexage, que si l'on analyse l'oppression des femmes non pas seulement comme une exploitation de la force de travail mais comme une appropriation du corps entier ; appropriation du corps entier d'une femme non pas seulement par un seul homme (le père, le mari ou le compagnon), mais bien par tous les hommes, compris comme « classe dominante ». L'oppression des femmes se caractérise principalement par leur appropriation sexuelle collective ou individualisée. Cette appropriation est régie, non seulement par les formes légales de conjugalité, dont le mariage est la forme historique, mais aussi par les règles morales de la conjugalité. Celles-ci valorisent un certain *éthos* féminin dans le rapport amoureux et/ou sexuel, impliquant les valeurs de disponibilité, de passivité, de fidélité, etc., que l'on peut déduire notamment des formes de réprobation, voire de répression, que provoquent le non respect de ces valeurs. L'appropriation des femmes

---

1. Colette Guillaumin, *Sexe, race et pratique du pouvoir*, Paris, Côté Femmes, 1992, p. 19.

*« Nos corps, nous-mêmes »*

consiste donc en cet usage sexuel individualisé et/ou collectif des femmes. « Toute femme non appropriée officiellement par contrat réservant son usage à un seul homme, c'est-à-dire toute femme non mariée ou agissant seule (circulant, consommant, etc.) est l'objet d'un concours qui dévoile la nature collective de l'appropriation des femmes [...]. Pour placer au mieux leur droit commun de propriété, les hommes mettent en jeu entre eux les préséances de classe, de prestige, aussi bien que de force physique. [...] Le concours entre les individus de la classe de sexe dominante pour prendre (ou récupérer, ou profiter de...) toute femme "disponible", c'est-à-dire *automatiquement* toute femme dont l'individualité matérielle n'est pas officiellement ou officieusement clôturée, exprime que l'*ensemble des hommes* dispose de *chacune des femmes*. »[1]

On peut ainsi parler d'une phénoménologie, invisible pour qui n'a jamais été interpellé comme « femme », de l'usage licite, collectif et oppressif du corps des femmes, qui détermine ses mouvements, ses gestes, ses perceptions, ses réflexes, ses postures, ses trajets, sa démarche, ses atours, ses émotions, pour en faire des corps constamment « chassés ». Cette prédation constante, sociologiquement différenciée selon les rapports de pouvoir en présence, participe de ce que nous appellerons, dans une perspective quelque peu différente de celle de Guillaumin, la *phénoménologie de la domination*[2], et dont on conceptuali-

1. *Ibid.*, p. 42.
2. Eleni Varikas utilise, quant à elle, l'expression de « phénoménologie de l'humiliation » (*Les rebuts du monde. Figures du paria,* Paris, Stock, 2007, p. 56).

sera dans le dernier chapitre de cet ouvrage les modalités de subversion.

L'analyse matérialiste de cette situation, en termes d'oppression et d'appropriation, suppose quant à elle une solution politique : le séparatisme lesbien, dont les deux textes de référence sont « On ne naît pas femme » (1980) et *La pensée straight* (1978-1980) de Monique Wittig. S'il y a une issue possible au système d'oppression hétérosexiste, qui assure la pérennité du rapport d'appropriation des femmes et de leur travail, il faut la chercher dans le lesbianisme car : « "Lesbienne" est le seul concept que je connaisse qui soit au-delà des catégories de sexe (femme et homme) parce que le sujet désigné (lesbienne) *n'est pas* une femme, ni économiquement, ni politiquement, ni idéologiquement. »[1] Si « femme » et « homme » n'existent pas comme des termes, des essences, isolés du rapport qui non seulement les lient de façon antagonique, mais les constituent, alors quitter ce rapport – l'hétérosexualité reproductive obligatoire – c'est échapper du même coup à cette alternative et s'autoconstituer comme sujet, enfin délesté de toutes les catégories politiques oppressantes de sexe. En ce sens, Monique Wittig compare les lesbiennes aux esclaves partis en marronnage, fuyant le racisme plantocratique et sa ligne de couleur, dans un en-dehors de l'oppression où le langage même par lequel je dois me *re*-penser et me *re*-dire reste à inventer.

Il y a cependant un problème dans le séparatisme lesbien wittigien, que l'on peut soulever selon deux points de

1. Wittig, *La pensée straight, op. cit.,* p. 63.

*« Nos corps, nous-mêmes »*

vue. Premièrement, le postulat selon lequel, dans une société lesbienne, il n'y a plus d'oppression de sexe – ce que Wittig a tenté d'illustrer dans son œuvre littéraire en donnant corps à une érotique non phallogocentrique[1] –, suppose qu'il existe un lieu hors de l'oppression. Or, la disparition de l'oppression de sexe n'implique pas la disparition de l'oppression *tout court,* c'est-à-dire des rapports de classe, de couleur, ou même de sexualité – à moins d'admettre qu'il puisse y avoir une sexualité sans pouvoir ou en dehors du pouvoir. De la même façon que la suppression des classes dans la pensée marxiste ne rassurait pas les féministes quant à la fin du patriarcat, la suppression des sexes dans le séparatisme lesbien ne règle pas la question *des* oppressions qui informent, en tant que modalités historiques et discursives *hic et nunc,* l'hétérosexisme (et inversement). Deuxièmement, ce postulat renvoie au statut du sujet lesbien chez Wittig. Comme le souligne Judith Butler, dans l'utopie séparatiste de Wittig, le sujet émerge par un acte d'autodétermination qui se calque sur la définition formelle, cartésienne, du sujet – celle du *cogito,* forme universelle neutre, vide de détermination, qui s'auto-interpelle –, et réifie par la même occasion l'idéal du sujet dominant moderne, conforme à une certaine « métaphysique de la substance »[2]. Or, pour accéder à cet idéal du sujet, il ne suffit pas seulement de sortir

1. Cf. Dominique Bourque, *Écrire l'inter-dit,* Paris, L'Harmattan, 2006 ; Catherine Ecarnot, *L'écriture de Monique Wittig,* Paris, L'Harmattan, 2002.
2. Judith Butler, *Trouble dans le genre,* 1990, trad. C. Kraus, Paris, La Découverte, 2005, p. 89.

de l'hétérosexualité. Si une telle condition est nécessaire elle n'est toutefois pas suffisante pour nombre de lesbiennes : qu'en est-il, par exemple, des femmes racialisées qui, par le jeu des oppressions multiples, ne sont jamais seulement opprimées par le système hétérosexiste ? Pour la philosophe Maria Lugones, le séparatisme, tel qu'énoncé par une partie de la pensée féministe, idéalise des sujets féminins, prétendument homogènes, unifiés autour d'une seule identité, faisant fi des sujets éclatés, des sujets frontaliers aux identités plurielles, dont la figure de la « métisse » est le paradigme. Au nom de quelle identité dois-je me séparer ? Femme, lesbienne, *chicana*[1], anglophone/hispanophone, indienne, migrante ? Quelle hiérarchie établir parmi les dominations de genre, de sexualité, de couleur, de classe, de nationalité, de religion ? Autrement dit, le séparatisme est-il une stratégie efficace face à un système qui témoigne de l'immixtion des rapports de dominations, face à l' « hydre de l'oppression »[2] ?

1. *Chicana* désigne communément les mexicaines-américaines.
2. Cf. Cherrie Moraga, Gloria Anzalduá (dir.), *This Bridge called My Back : Writings by Radical Women of Color,* San Francisco, Aunt Lute Press, 1981.

## *Le sujet politique du féminisme*

> « On ne démolira jamais la maison du maître avec les outils du maître. »
>
> Audre Lorde[1].

### « Sexe », « race » et « classe » : comment penser la domination ?

Les premières conceptualisations de la relation entre le sexisme et le racisme, au sein de la pensée féministe, peuvent être définies comme des analyses analogiques entre le « sexe » et la « race ». Pour penser le « sexe » (au sens de bicatégorisation sexuelle biologique des individus distinguant radicalement mâles/femelles) comme une catégorie politique et non naturelle, certains travaux féministes, principalement matérialistes, ont utilisé les critiques classiques de la catégorie de « race », afin de redéfinir les femmes, non pas comme un groupe naturel, mais comme une classe sociale *naturalisée*[2]. L'ensemble des arguments développés par la communauté scientifique au lendemain de la Seconde Guerre mondiale, contestant la pertinence d'un

1. Audre Lorde, *Sister Outsider,* trad. M. Calise *et al.,* Genève, Mamamélis, p. 119.
2. Voir les travaux majeurs de la sociologue Colette Guillaumin, *L'idéologie raciste,* 1972, Paris, Gallimard, 2002 et ceux de la paléoanthropologue Évelyne Peyre et de la biologiste Joëlle Weils, « Sexe social et sexe biologique », *in* M.-C. Hurtig *et al., Sexe et genre, op. cit.*

concept de « races humaines »[1], a été prioritairement exploité pour critiquer analogiquement la pertinence d'un concept de « sexe » (et non de processus de sexuation biologique des individus), c'est-à-dire l'idée d'une incommensurabilité biologique, fondée en nature, entre les hommes et les femmes. Dès lors que la « race » ne correspond, « dans l'espèce humaine, à aucune réalité définissable de façon objective »[2], elle devient une catégorie idéologique, produite dans et par un rapport de domination historicisable, une catégorie qui masque les procédés de racialisation des inégalités sociales. De la même façon, la mise à l'épreuve de la « bicatégorisation par sexe », par les biologistes et les philosophes des sciences contemporaines, permet de définir le « sexe » comme une catégorie produite dans et par un rapport de domination[3]. Toutefois, cette première conceptualisation des catégories de sexe et de race a laissé en suspens la question centrale de l'imbrication des rapports qui les produisent, présupposant implicitement que la dénaturalisation de la catégorie de sexe renvoyait à la domination des femmes, alors que la dénaturalisation de la catégorie de race renvoyait à la domination des – hommes – « noirs », « juifs », « arabes »...

1. Cf. Collectif, *Le racisme devant la science,* Paris, Gallimard/Unesco, 1960.
2. Albert Jacquard, « Biologie et théories des "élites" », *Le Genre humain,* n° 1, 1981, p. 38.
3. Voir l'exposé remarquable de Cynthia Kraus, « La bicatégorisation par sexe à l'épreuve de la science », *in* D. Gardey, I. Löwy, *L'invention du naturel, op. cit.*

*Le sujet politique du féminisme*

Dans la pensée féministe anglophone, les intellectuelles africaines-américaines ont élaboré un modèle pour penser le sexe, la race et la classe ou, plus exactement, pour penser la difficulté qu'il y a à conceptualiser l'articulation de ces trois rapports[1]. Il s'agit d'un modèle que l'on pourrait appeler « géométrique », qui entend penser l'intersection des rapports de domination. Kimberlé Williams Crenshaw a ainsi proposé le concept d' « intersectionnalité »[2]. Elle a notamment montré comment l' « intersectionnalité » est inhérente à tout rapport de domination : elle est une structure de la domination elle-même, qui empêche ou affaiblit les tentatives de résistance. En d'autres termes, la structure intersectionnelle de la domination laisse toute mobilisation dans une situation aporétique qui a des effets destructeurs et déstructurants sur les mouvements sociaux. Pour illustrer ce point, Kimberlé W. Crenshaw a travaillé sur la violence domestique et, plus particulièrement, sur l'isolement des femmes battues africaines-américaines, que l'expérience croisée du sexisme et du racisme rend doublement invisible, inintelligible. Cet isolement est à la fois l'effet d'une absence d'outil théorique pour comprendre leur position à l'inter-

1. Cf. Deborah K. King, « Multiple jeopardy, multiple consciousness : The context of a black feminist », *Signs,* n° 1, 1988.
2. Kimberlé W. Crenshauw, « Cartographies des marges : intersectionnalité, politique de l'identité et violences contre les femmes de couleur », 1994, in *Les Cahiers du genre,* n° 39, 2005. Pour une application de l'analyse en termes d'intersectionnalité du racisme et du sexisme au contexte français : Christine Delphy, « Antisexisme ou antiracisme ? Un faux dilemme », *Nouvelles Questions féministes,* n° 1, 2006.

section de plusieurs rapports de pouvoir, mais également celui d'une absence de ressource politique, d'outil pratique, communs à plusieurs luttes – comment lutter ensemble contre l'articulation du sexisme et du racisme sans s'annihiler ? Cette situation s'est révélée des plus problématiques en 1982 à la sortie de la *Couleur pourpre*. Le roman d'Alice Walker, mettant en scène une femme noire, Clélie, battue par son compagnon noir, a suscité une violente polémique. Il était quasi impossible pour les tenants de la lutte contre le sexisme d'insister sur le phénomène massif de la violence conjugale sans entretenir, en même temps, le stéréotype raciste de la propension à la violence des hommes noirs ; inversement, il était quasi impossible pour les tenants de la lutte contre le racisme de dénoncer la réitération du mythe raciste du Noir violent, sans encourager la tendance sexiste, si ce n'est au déni, du moins à l'euphémisation de la violence faite aux femmes[1].

Toutefois, le concept d'intersectionnalité pose la question du sujet politique. Le sujet politique se définit par la position qu'il occupe à l'instant *t* dans des rapports de pouvoir dynamiques et complexes, plutôt que par une identité définie une fois pour toutes, dans un « système clos de différences ». Dans le cas des femmes, leur identité politique est toujours « contingente et précaire, seulement provisoirement fixée à l'intersection de ces positions de sujets et dépendante des formes spécifiques

---

1. Une version contemporaine d'un tel conflit est l'affaire Clarence Thomas c/ Anita Hill, Éric Fassin, « Pouvoirs sexuels. Le juge Thomas, la Cour suprême et la société américaine », *Esprit*, n° 177, 1991.

*Le sujet politique du féminisme*

d'identifications »[1]. Ainsi, l'intersectionnalité, en tant que métathéorie de la domination, ne doit pas se substituer à une conceptualisation de la domination qui fasse une place à l'historicité et à l'hybridité des rapports de pouvoir constitutifs des sujets politiques.

Le concept d'« intersectionnalité » est donc un concept méthodologique. Il permet d'éprouver, de diagnostiquer, les épistémologies de la domination comme les stratégies de résistances qui en découlent ; bien qu'il ne définisse jamais positivement une politique de lutte et de contestation. Aussi, dans les limites qui sont les siennes, il s'est avéré particulièrement utile pour dépasser une conceptualisation « mathématique » de la domination, très prégnante dans la théorie féministe contemporaine. Dans cette conceptualisation « mathématique », la double, voire la triple oppression, dont les femmes font l'expérience, supposerait que chaque rapport de domination s'ajoute à l'autre. Par exemple, toutes les femmes subissent le sexisme, mais certaines d'entre elles subissent le sexisme et une oppression de classe, certaines le sexisme et le racisme, certaines le sexisme et la lesbophobie, ou encore cumulent l'ensemble de ces dominations. Comme l'a montré la philosophe Elizabeth V. Spelman, cette analyse présente de nombreuses difficultés car elle isole chaque rapport de domination et définit leur relation de façon cumulative, *arithmétique*. Dans une telle perspective, une fois le racisme éradiqué, par exemple, les femmes noires « n'auraient plus

---

1. Chantal Mouffe, « Quelques remarques au sujet d'une politique féministe », *Actuel Marx,* n° 30, 2001, p. 175.

qu'à » supporter le sexisme. Or, on sait que les femmes racialisées ne subissent pas une oppression raciste – qu'elles partageraient avec les hommes racialisés –, en plus d'une oppression sexiste – qu'elles partageraient avec les femmes « tout court », *i.e.* « blanches »[1]. Cette analyse, que Spelman qualifie d'« additive »[2], de la classe, du « sexe » et de la « race » demeure tout à fait insatisfaisante pour comprendre les modalités historiques de la domination.

L'analyse additive de la domination définit le sexisme comme le seul rapport de pouvoir transversal à toutes les femmes, quelles que soient leur classe, leur sexualité, leur couleur, leur religion, etc. ; posant la lutte contre le sexisme comme une lutte prioritaire relativement aux autres rapports de domination. Le sexisme est alors posé comme un dénominateur commun qui assure les conditions de possibilité d'émergence d'une identité politique partagée. C'est donc cette expérience commune du sexisme qui permet la constitution et la cohésion du sujet politique du féminisme lui-même – *« Nous, les femmes »* –, menacé de désintégration si on en venait à différencier à outrance les femmes selon les multiples rapports de pouvoir qu'elles subissent. Or, si toutes les femmes font bien l'expérience du sexisme, malgré cette commensurabilité de l'expérience, il n'y a pas pour autant d'expérience « identique » du sexisme, tant les autres rapports de pou-

1. Cf. Elsa Dorlin, « Les Blanchisseuses : la société plantocratique antillaise, laboratoire de la féminité moderne », *in* H. Rouch *et al.* (dir.), *Le corps, entre sexe et genre,* Paris, L'Harmattan, 2005.
2. Elizabeth V. Spelman, *Inessential Women,* Boston, Beacon Press, 1988, p. 114.

*Le sujet politique du féminisme*

voir qui informent le sexisme modifient ses modalités concrètes d'effectuation et partant les vécus des femmes. Aux États-Unis, par exemple, les femmes africaines-américaines ont historiquement été victimes de stérilisations forcées ou abusives, alors que les femmes « blanches » subissaient des grossesses à répétition non désirées et étaient acculées aux avortements clandestins[1]. Ces deux modalités différentes du sexisme, étroitement liées aux politiques eugéniques menées aux XIX$^e$ et XX$^e$ siècles, ont ainsi généré des expériences clivées qui ont eu des conséquences sur l'agenda des mouvements féministes américains ou européens[2].

C'est notamment à partir de cette critique, que l'on peut saisir l'apport majeur du *black feminism* au sein de la théorie féministe. Il vise cette tendance du féminisme à se replier implicitement sur une compréhension de la domination qui prend la situation de *certaines* femmes pour la situation de *toutes* les femmes, pour la modalité universelle de leur assujettissement. Ce mode de pensée renforce une compréhension simpliste de l'historicité de la domination en la réduisant à un modèle d'oppositions binaires (homme/femme, masculin/féminin, force/faiblesse, production/reproduction, public/privé, raison/sentiment, etc.), d'une part, et en pensant les dominations de façon cumulative, « additive » (sexisme +

1. Cf. Angela Davis, *Femmes, race et classe,* 1981, trad. D. Taffin, Paris, Des Femmes, 1982, p. 255-278.
2. Cf. Hazel Carby, « Femme blanche, écoute ! », 1982, *in* E. Dorlin (éd.), *Black Feminism : anthologie du féminisme africain-américain (1975-2000),* Paris, L'Harmattan, 2008.

racisme + classe, etc.), d'autre part. La politique féministe renvoie dès lors à un sujet autocentré sur une expérience particulière qu'il tend à absolutiser et, partant, elle *re*naturalise le rapport de genre.

Désormais, tout se passe comme si c'était le genre – les relations entre certains hommes et certaines femmes et les attributs socialement construits du féminin et du masculin – qui jouait le rôle initialement tenu par le « sexe ». En d'autres termes, le genre remplit parfaitement seul la fonction d'*invisibilisation* des rapports de pouvoir, c'est-à-dire leur *naturalisation*, en cristallisant, par-delà les sociétés, les classes et les siècles, un seul mode de relation hiérarchique entre les sexes, stable et prévisible. « "On apprend aux hommes et aux femmes à voir les hommes comme indépendants, capables et doués de pouvoir ; on apprend aux hommes et aux femmes à voir les femmes comme dépendantes, limitées dans leur capacité et passives." Mais à qui apprend-on à voir les hommes noirs comme "indépendants, capables et doués de pouvoir", qui leur apprend cela ? Est-ce qu'on apprend cela aux hommes noirs ? Aux femmes noires ? Aux hommes blancs ? Aux femmes blanches ? De la même façon, à qui apprend-on à voir les femmes noires comme "dépendantes, limitées dans leur capacité et passives" ? Si ce stéréotype est si prégnant, pourquoi alors les femmes noires ont dû se défendre contre les images de la matriarche et de la pute ? »[1] Dans cette perspective, l'analyse additive de la

---

1. Elizabeth V. Spelman, *Inessential Women, op. cit.,* p. 116. Ma traduction.

domination est à proscrire car elle induit et entretient une forme de « solipsisme blanc »[1] dans la théorie féministe hégémonique, qui peine à penser que les femmes « blanches » des classes moyennes sont bel et bien concernées par le racisme et le rapport de classe, tout comme les femmes de couleur et/ou appartenant aux classes populaires. Il faut plutôt penser ces rapports dans leur immixtion, dans leur « cosubstantialité »[2] ou encore depuis *leur commune généalogie*. Le blanc est une couleur, un marqueur de « race ». Autrement dit, l'expérience de la domination des femmes WASP *(white anglo-saxon protestant)* de la classe moyenne exemplifie tout autant le croisement des catégories de « sexe », de « classe » et de « race », que celle des femmes de couleur. Toutefois, elle l'exemplifie en introduisant la question des rapports de domination entre les femmes elles-mêmes.

Selon bell hooks, l'une des figures intellectuelles du *black feminism*, le fait d'isoler le sexisme des autres rapports de pouvoir qui l'informent impose une représentation des femmes comme « victimes ». En d'autres termes, cela génère une conscience de soi déformée qui peine à penser des positions de pouvoir où nul ne se représente exclusivement comme cible du pouvoir mais toujours aussi comme relais de ce dernier. C'est le concept même de sororité qui devient alors problématique. « À partir du

---

1. Adrienne Rich, « Disloyal to civilization : Feminism, racism, gynephobia », in *On Lies, Secrets and Silence : Selected Prose 1966-1978*, New York, Norton, 1979.
2. Danièle Kergoat, « Le rapport social de sexe », *Actuel Marx*, n° 30, 2001.

moment où les féministes se définissaient comme une association de "victimes" elles n'étaient pas tenues de se confronter à la complexité de leur propre expérience. »[1] Ainsi, la solidarité entre toutes les femmes est grevée par le poids historique de la participation plus ou moins active de certaines femmes aux politiques racistes et colonialistes. Cette catégorie de victime produit, en outre, un problème majeur. Reprendre une catégorie idéologique de la « nature féminine », qui pense les femmes comme des « victimes » passives de leur condition, c'est leur dénier toute puissance d'agir, y compris dans l'histoire de leur propre libération[2].

## Le genre et la couleur de l'empire

Joan W. Scott a développé sous l'expression de « citoyenne paradoxale » ce qui constitue la tension majeure des politiques féministes, mais plus largement identitaires. Exclues des droits politiques au nom de leur « nature », les femmes se trouvent dans la situation paradoxale de revendiquer ces droits au nom de cette même « nature », faisant des qualités prétendument « féminines », des ressources politiques : moralité, douceur, empathie, sens du concret... Le piège est que ce par quoi je suis stigmatisé, identifié, constitue l'alpha et l'oméga de

---

[1]. bell hooks, « La sororité ou la solidarité politique entre les femmes », 1986, *in* E. Dorlin (éd.), *Black Feminism : Anthologie du féminisme africain-américain (1975-2000), op. cit.*

[2]. bell hooks, « La sororité ou la solidarité politique entre les femmes », *op. cit.*

mon identité politique, la ressource majeure de ma libération. Lorsque Condorcet défend l'inclusion des femmes dans l'idéal révolutionnaire des droits de l'homme, il critique le préjugé selon lequel la « nature féminine », et tout particulièrement la maternité, constitueraient un handicap dans l'exercice de la raison, nécessaire aux fonctions citoyennes[1]. Mais c'est précisément au nom de cette « nature féminine » que les politiques féministes, à partir de la fin du XVIIIe siècle, seront constamment tentées de revendiquer la citoyenneté. Comme l'écrit Scott à propos d'Olympe de Gouges, rédactrice en 1791 de la *Déclaration des droits de la femme et de la citoyenne* : « Il ne s'agissait pas d'attester que les femmes étaient semblables aux hommes pour les faire accéder à la qualité de citoyen, mais de réfuter l'amalgame dominant du citoyen actif et de la masculinité, de rendre la différence sexuelle non pertinente en politique et, en même temps, d'associer les femmes – explicitement en tant que femmes – à la notion de sujet "actif". Mais puisque le citoyen actif était déjà défini comme un individu mâle, comment pouvait-elle plaider la cause des femmes ? L'apparente contradiction – entre non-pertinence et pertinence de la différence sexuelle, entre égalité et différence – était au cœur du projet féministe de faire des femmes des sujets politiques. »[2]

---

1. Cf. Élisabeth Badinter (éd.), *Condorcet, Prudhomme, Guyomar... : paroles d'hommes,* Paris, POL, 1989.
2. Joan W. Scott, *La citoyenne paradoxale,* 1996, Paris, Albin Michel, 1998, p. 56.

La norme de féminité qui aura droit de cité, idéal défini par et dans la domination, est inextricablement liée à une norme dominante de la féminité. À la fin du XVIII siècle et tout au long du XIX siècle, cette norme dominante de la féminité correspond à un idéal de genre, de classe et de couleur, auquel étaient quasi exclusivement soumises les femmes blanches, nobles ou bourgeoises. Cette norme de la féminité exclut donc de sa définition les femmes qui ne peuvent, en dépit de leur sexe, être comprises dans une citoyenneté pensée sur le modèle d'une complémentarité naturelle, d'un commerce policé entre les sexes. En d'autres termes, si les femmes accèdent à la citoyenneté, il ne peut s'agir *de toutes les femmes,* car toutes n'ont pas été stigmatisées et opprimées selon cette même norme de féminité. Plus encore, l'exclusion de la « nature féminine », pensée comme passive, douce, sensible et maternelle, a constitué une autre modalité historique de domination, notamment en ce qui concerne les femmes esclaves, indigènes, mais aussi les prostituées ou les ouvrières. Par conséquent, seules les femmes qui concourent légitimement à la reproduction de la classe des citoyens peuvent prétendre incarner cette norme de féminité dominante. Seules celles qui jouissent des bénéfices sociaux et symboliques de la maternité sont admises. De deux choses l'une, ou les femmes sont exclues de la citoyenneté, où certaines femmes sont exclues de la féminité.

C'est le rabattement de l'idéal républicain sous la forme historique de la *nation* qui est ici en jeu, dans le contexte de la France coloniale. La citoyenneté étant exclusive (dans sa définition première elle est non seulement relative au suffrage censitaire, mais elle est absolument réservée aux hommes libres), elle institue inévitablement un droit du sang sur le territoire de son empire. La famille moderne représente alors, plus que jamais, un mode de reproduction de la structure sociale. Et cette famille se *blanchit,* dans les deux sens du terme : elle est « blanche », dans la mesure où une ligne de couleur délimite populations libres, citoyennes, et populations assujetties, indigènes ; mais elle est aussi moralement supérieure face à l'exotisation des matriarcats[1] ou patriarcats[2] des populations colonisées. La figure du citoyen s'incarne dans le « bon père de famille », lequel devient un modèle de gouvernement, qui, disposant seul des droits civiques, jouit légitimement de l'ensemble de l'autorité – paternelle et conjugale – favorable à la paix des ménages métropolitains, au commerce, en bonne intelligence des sexes. Le citoyen de 1789 devient le sujet légal du Code civil de 1804. Les premiers mouvements féministes, en Europe ou aux Amériques, ne cesseront de se briser sur cette aporie différentialiste qu'induit l'assujettissement : ce par quoi les femmes blanches ont été assujetties – la « nature féminine » –, constitue ce au nom de quoi elles deviendront des sujets politiques – mères, épouses, filles de citoyens. Cette aporie différentialiste est intrinsèquement une aporie nationaliste, voire raciste. La généalogie du sujet politique du

1. Cf. Elsa Dorlin, « Les Blanchisseuses : la société plantocratique antillaise, laboratoire de la féminité moderne », *op. cit.*
2. La structure patriarcale barbare des sociétés arabes est un *topos* de la littérature coloniale depuis le milieu du XIXe siècle, qui y stigmatise l'irrespect et la soumission des femmes.

féminisme est donc étroitement liée à une définition de la « féminité ». Quand le féminisme historique a promu une norme dominante de la féminité, essentiellement centrée sur la fonction maternelle et les bénéfices symboliques et sociaux qui lui sont accordés, il a servi une politique nationaliste – dont le familialisme a été le fer de lance –, y compris dans le cadre des projets coloniaux ou plus largement impérialistes modernes. Virginia Woolf avait parfaitement saisi cet enjeu, pour le féminisme, de se prémunir de toute accointance avec le nationalisme, posant le sujet politique du féminisme comme étant par définition réfractaire à toute instrumentalisation dans le cadre d'une définition de l'identité nationale : « [...] En tant que femme, je n'ai pas de pays. En tant que femme, je ne désire aucun pays. Mon pays à moi, femme, c'est le monde entier. »[1]

Au XIXe siècle, le cas des États-Unis est particulièrement révélateur de cette tension, au moment même où les femmes et les anciens esclaves revendiquent leurs droits civiques. À la fin des années 1860, si nombre d'associations ont décidé de mener une seule et même campagne pour le suffrage des Noirs et pour celui des femmes, cette stratégie est très rapidement contestée par une partie des abolitionnistes et des féministes. Comment accepter que les mères des citoyens « de la race anglo-saxonne », selon les termes de la leader féministe Elizabeth C. Stanton, soient reléguées plus bas que les Noirs, anciens esclaves, ou que les immigrés irlandais, à peine

1. Virginia Woolf, *Trois Guinées*, 1938, trad. V. Forrester, Paris, Des Femmes, 1977, p. 205.

débarqués ? Les associations féministes se déchirent et se scindent sur la question perverse de la prééminence « légitime » des femmes, mères, filles et épouses « blanches », sur les Noirs, *et par conséquent sur les femmes « noires »*, excluant purement et simplement ces dernières de la catégorie « femmes ». Déjà en 1851, au cours de l'une des premières conférences abolitionnistes, dans lesquelles se sont formées les premières associations féministes, Sojourner Truth, ancienne esclave, militante abolitionniste et féministe, était montée à la tribune pour interpeller l'assistance en ces termes : « Je crois qu'entre les nègres du Sud et les femmes du Nord qui parlent tous de leurs droits, les hommes blancs vont bientôt se trouver dans de beaux draps [...]. Regardez-moi ! Regardez mon bras !... [...] Je pouvais travailler autant que n'importe quel homme, quand il y avait de quoi, et supporter aussi le fouet – et est-ce que je ne suis pas une femme ? J'ai donné naissance à cinq enfants et je les ai presque tous vus être vendus comme esclaves, et quand je pleurais de tout le chagrin d'une mère, personne à part Jésus, ne m'entendait – et est-ce que je ne suis pas une femme ? »[1]

## Genre et postcolonialisme

L'expression contemporaine d'une telle tension fonctionne efficacement dans la distinction entre les femmes

---

1. Cité par bell hooks, *Ain't I a Woman : Black Women and Feminism*, Boston, South End Press, 1981, p. 160. Ma traduction. Voir aussi Gloria Hull, Patricia Bell Scott, Barbara Smith, *All the Women are White, all the Blacks are Men but some of Us are Brave*, New York, Feminist Press, 1982.

« occidentales », libérées, reconnues comme les égales des hommes, et les femmes « non occidentales » – y compris celles qui vivent en « Occident » –, réputées victimes d'un patriarcat barbare[1]. Ici, la norme de la féminité, qui fonctionne dans un certain discours de l'égalité des sexes, permet de maintenir cette égalité dans les limites étroites d'une complémentarité symbolique, sociale ou politique des sexes. Dans une certaine mesure, l'égalité – ainsi définie – remplace la maternité, au sein des rhétoriques néo-impérialistes. La vision de la femme/mère, promue dans les discours colonialistes modernes, se traduit, dans les discours impérialistes contemporains, par une vision de la femme/féministe. Dans la pure tradition des croisades de l'armée française en Algérie, à la fin du XIXe siècle, pour « civiliser » les « Arabes » qui séquestraient et voilaient leurs femmes et leurs filles, on assiste à de nouvelles croisades, au nom d'un « choc des civilisations », qui s'approprie des luttes féministes en les transformant en un stade objectif du progrès historique, témoignant de l'avancement ou de l'arriération de telle ou telle culture dans la Modernité. La culturalisation, voire la racialisation, de l' « égalité des sexes », nouvelle valeur de l'Europe ou de l' « Occident », intervient alors dans un conflit « civilisationnel » qui stigmatise, au nom de l'irrespect « des droits des femmes », pays ou continents des « Suds » ou d' « Orient ». Si l'on reprend l'argument de bell hooks, développé plus haut, on constate que le discours victimaire

1. Cf. Chandra T. Mohanty, « Under western eyes : Feminist scholarship and colonial discourses », *Feminist Review,* n° 30, 1988.

fonctionne ici à plein sous une forme renouvelée : désormais, les victimes du sexisme sont nécessairement les femmes de « là-bas », ce qui a le double avantage d'invisibiliser, comme des formes résiduelles, le sexisme d' « ici » – y compris dans ses expressions les plus institutionnalisées –, et d'imposer un modèle global de « libération des femmes » à tous les mouvements féministes locaux, ici ou ailleurs. Modèle de libération qui instituent les féministes des pays industrialisés les plus puissants comme une avant-garde éclairée du féminisme, légitimant qu'elles parlent « au nom » des femmes des « Suds » (y compris le Sud qui se reconstitue à l'intérieur même des pays du Nord), trop soumises au patriarcat pour prendre la parole, pour élaborer leur propre libération. Gayatri Chakravorty Spivak parle ainsi d'une « violence épistémique »[1] qui institue les pensées et mouvements féministes « subalternes » comme des protoféminismes. Ainsi, l'ensemble des critiques, principalement développées par les intellectuelles indiennes qui allient la théorie féministe et les études subalternes, a permis de renouveler la problématique du sujet politique du féminisme, en posant le problème de sa nécessaire décolonisation.

Selon Linda Alcoff, si la pensée et le mouvement féministes sont parvenus à déconstruire ou à transcender de façon critique la catégorie essentialiste *« La Femme »*, la

---

1. Cf. Gayatri Chakravorty Spivak, « Les subalternes peuvent-elles prendre la parole ? », 1988, traduit maladroitement en français par « Les subalternes peuvent-ils parler ? », *in* Mamadou Diouf (dir.), *L'historiographie indienne en débat. Colonialisme, nationalisme et sociétés postcoloniales,* Paris, Karthala/Sephis, 1999.

position à partir de laquelle les mouvements féministes historiques luttaient, *« Nous, les femmes »*, a également trouvé ses limites : « Aujourd'hui, le dilemme auquel les théoriciennes féministes sont confrontées est que notre propre autodéfinition est fondée sur un concept ["les femmes"] que nous devons déconstruire et désessentialiser dans tous ses aspects »[1]. Face à cette difficulté une partie des philosophes féministes ont cherché à retravailler les processus complexes d'identification et de désidentification des groupes altérisés en général et du féminisme en particulier. Le débat au sein de la théorie féministe contemporaine n'est pas achevé : l'enjeu est toujours la production d'une conceptualité de la subjectivation politique et de son rapport aux modalités d'assujettissement. Autrement dit, des processus historiquement déterminés par lesquels les individus et les groupes dominés se forgent une identité politique à partir de laquelle, ils luttent et s'affirment comme sujets de leur propre libération.

Dans son ouvrage de référence, *« Am I That Name ? »*, Denise Riley examine, depuis les formations discursives historiques, les multiples conflits d'interprétations de la catégorie « femmes ». Riley parle des « temporalités historiques » de la catégorie « femmes » ; multiples temporalités de la désignation, qui sont perceptibles à l'échelle individuelle : pour n'importe quelle femme, le fait de se désigner, de se poser ou de se dire « femme », n'est jamais un acte continu et ne veut jamais dire exactement la même chose.

---

1. Linda Alcoff, « Cultural Feminism versus Post-Structuralism. The Identity Crisis in Feminist Theory », *Signs,* vol. 13, n° 3, 1988, p. 406. Ma traduction.

## Le sujet politique du féminisme

« Est-ce qu'on peut totalement habiter un genre sans le moindre degré d'horreur ? Comment peut-on être "une femme" encore et encore, faire de cette catégorie sa demeure définitive sans souffrir de claustrophobie ? »[1] Pour Riley, le féminisme doit prendre acte de l'instabilité constitutive de son sujet fondateur, compte tenu du fait que ce dernier est étroitement liée à une généalogie de l'assujettissement : *« To be, or not to be, "a woman". »*[2] Le sujet politique du féminisme doit donc être compris comme une catégorie fluctuante, volatile et intrinsèquement erratique. Il ne peut se définir *a priori*, il ne peut être au fondement des mouvements et des luttes, qu'au risque de reproduire et de réitérer des exclusions.

Reprenant les analyses de Denise Riley, mais aussi des intellectuelles *chicana*, Judith Butler critique le concept d'« essentialisme stratégique »[3] développé par Gayatri Spivak, il existe une tension, d'une part, entre la théorie postmoderne (et postcoloniale) qui tend à déconstruire toute identité, et la politique contemporaine, d'autre part, telle qu'elle se fait dans un monde globalisé, qui investit plus que jamais les identités essentialisées en conflit permanent – Communautés *vs* Nations, Occident *vs* Orient, Nord *vs* Sud... Aussi, selon Spivak, la pensée postmoderne doit produire un effort de traduction politique de sa critique, d'où la notion d'« essentialisme stratégique » : *« Nous, les*

---

[1]. Denise Riley, *« Am I That Name ? »*, Minneapolis, University of Minnesota Press, 1988, p. 6. Ma traduction.
[2]. *Ibid.*, p. 113.
[3]. Gayatri Spivak, *In other Words : Essays in Cultural Politics,* New York, Methuen, 1987, p. 205.

*femmes »* ou « *Nous, les femmes du Tiers Monde »,* constitue un mode d'interpellation politique efficace, comme une condition de possibilité effective de constitution des mouvements. Cette notion est une autre critique possible de l'universalisme hégémonique[1]. Toutefois, même limitée à un usage stratégique, Judith Butler considère que la catégorie politique *« femmes »* ne peut pas être fondatrice. « Pour le sujet, être un point de départ déjà donné pour la politique revient à se défaire de la question de la construction et de l'ajustement politique des sujets eux-mêmes ; car il est important de se rappeler que les sujets sont constitués à travers les exclusions, c'est-à-dire, à travers la création d'un domaine de sujets sans autorité, de présujets, de figures d'abjection, de populations hors de notre vue. »[2] Si le sujet du féminisme – *« Nous, les femmes »* – se détermine en amont des mouvements et des luttes, se définissant comme leur fondement ou leur condition d'émergence et de mobilisation, il suppose nécessairement une détermination négative – ce que ce *« nous »* n'est pas : hier les femmes esclaves ou colonisées et leurs descendantes, aujourd'hui les femmes migrantes et leurs descendantes ou celles « des Suds ». La

---

1. Universalisme hégémonique auquel Paul Gilroy préfère opposer un « Universalisme stratégique », *Against Race. Imagining Political Culture beyond the Color Line,* Cambridge, Harvard University Press, 2000.

2. Judith Butler, « Contingent foundations : Feminism and the question of postmodernism », *in* J. Butler, J. W. Scott, *Feminists Theorize the Political,* New York, Routledge, 1992, p. 13. Ma traduction. Voir aussi « Contingent Foundations », S. Benhabib *et al.* (dir.), *Feminist Contentions. A Philosophical Exchange,* New York, Routledge, 1995, p. 49.

## Le sujet politique du féminisme

philosophie politique du féminisme doit donc se résoudre à produire constamment une identité en devenir et, par conséquent, accepter le conflit entre les féminismes. Le *Nous* du féminisme ne doit pas se construire dans un antagonisme entre Nous/Elles, mais bien en réfléchissant les ambivalences de toute identité politique individuelle comme l'antagonisme immanent à toute identité politique collective.

Cela ne signifie pas que le terme « femmes » ne doit pas être utilisé, cela veut dire qu'il ne peut pas être un préalable à la politique féministe. Aussi, il ne suffit pas que le terme « femmes » élargisse ou rétrécisse son acception au gré des luttes (un peu de couleur, un peu de classe, un peu d'âge, un peu de sexualité, un peu de religion... « et mélangez bien »)[1], il faut que le sujet du féminisme soit dans un effort permanent de décentrement, qu'il adopte les points de vue minorisés au sein même de son mouvement. Cet effort de décentrement pourra ainsi permettre de débusquer les formes de sujétion en nous, qui résistent à la subjectivation politique. Comme l'écrit, la poétesse féministe, lesbienne, cariboaméricaine Audre Lorde : « Pour provoquer un véritable effort révolutionnaire, nous ne devons jamais nous intéresser exclusivement aux situations d'oppression dont nous cherchons à nous libérer, nous devons nous concentrer sur cette partie de l'oppresseur enfouie au plus profond de chacune de nous, et qui ne connaît que les tactiques des oppresseurs, les modes de relations des oppresseurs. »[2]

1. Judith Butler, *Trouble dans le genre, op. cit.,* p. 81.
2. Audre Lorde, *Sister Outsider, op. cit.,* p. 135.

*Sexe, genre et sexualités*

### Les deux corps du Père

L'articulation des rapports de pouvoir se révèle une problématique particulièrement heuristique pour examiner l'historicité des normes de la masculinité. Quelque peu délaissée, la question de la masculinité, permet d'éviter l'écueil méthodologique qui consiste à rabattre les problématiques de genre sur l'étude des seules femmes. En outre, l'étude de la masculinité, à partir d'une problématique de genre, de classe et de couleur, permet d'introduire un ultime mode de conceptualisation de la domination, que nous appellerons *généalogique*.

La norme dominante de la masculinité est difficilement saisissable dans son historicité dans la mesure où elle s'est constituée comme la forme même du Sujet. Dépouillé de toutes ses déterminations de genre, de couleur ou de classe, le Sujet s'apparente à une identité formelle qui se pose comme universelle, neutre, et dont l'expression la plus fidèle est certainement donnée par la grammaire, en tout cas, en ce qui concerne la langue française. Nombreux sont les travaux qui ont permis de réinscrire ce Sujet dans ces déterminations historiques et politiques comme un homme issu de la classe dominante[1]. On comprend dès lors comment cette norme dominante de la masculinité constitue une véritable ressource politique majeure, une ressource convoitée et/ou contestée, qui conditionne les dispositifs d'assujettissement comme les processus de subjectivation.

1. Voir les travaux majeurs d'Eleni Varikas, notamment, *Penser le sexe et le genre,* Paris, PUF, 2006.

*Le sujet politique du féminisme*

Les systèmes répressifs esclavagistes ou colonialistes ont largement exploité la symbolique du genre pour asservir, humilier ou déshumaniser les esclaves ou les indigènes. Depuis le XVIIIe siècle, médecins, administrateurs et idéologues aux colonies, ont produit un arsenal rhétorique à double face. Les « Noirs », et de façon relativement comparable les « Arabes » au XIXe siècle, sont simultanément infantilisés, efféminés *et* bestialisés. La médecine esclavagiste et coloniale a contribué à produire une mythologie sur les corps serviles ou indigènes qui les exclut doublement de la masculinité blanche dominante : d'une forme de masculinité policée et éclairée. Elle a tour à tour stigmatisé : leur « naturel » efféminé, leur tempérament lâche, valétudinaire, leur sensibilité, leur absence de raison, reprenant ici des stéréotypes associés au sexe féminin et à son nécessaire maintien dans la minorité politique, afin de légitimer le régime esclavagiste comme un régime de santé[1], la colonisation comme une noble entreprise de civilisation[2]. Mais ces mêmes discours ont également insisté sur la force physique des corps serviles ou indigènes, sur la cruauté de leurs mœurs, sur leur immoralité, voire leur amoralité, principalement en matière de sexualité : on stigmatise l'appétit libidineux des esclaves, on accuse les indigènes en Algérie de toutes les perversions sexuelles, principalement de leur propension à l'homosexualité, qui symbolise idéalement ce double mouvement d'effémination et de bestialisation. Ce

---

1. Cf. Elsa Dorlin, *La matrice de la race, op. cit.*
2. Cf. Olivier Le Cour Grandmaison, *Coloniser, exterminer : sur la guerre et l'État colonial*, Paris, Fayard, 2005.

processus double de dévirilisation et de survirilisation permet ainsi de produire une norme de la masculinité blanche, bourgeoise, qui se pose comme un juste milieu entre deux excès, une *virtù* qui se caractérise par la tempérance raisonnable, morale et sexuelle. L'émasculation symbolique (et parfois effective) des hommes esclavagisés ou colonisés comporte alors le double avantage d'attester leur moindre virilité *et* de réprimer leur virilité animale.

On trouve chez Frantz Fanon, une pensée de la violence raciste représentée par la castration, l'émasculation des Noirs. *Peaux noires, masques blancs* est une psychopathologie du Noir, à partir des cas cliniques que Fanon a pu traiter, principalement des hommes antillais. Dans ce livre, Frantz Fanon s'oppose à un certain nombre d'études sur la « psychologie coloniale » qui affirment notamment que les Noirs ont un complexe d'infériorité et témoignent d'une « personnalité » immature, castrée, qui les portent naturellement à la soumission envers le Blanc. Contre de telles assertions, Fanon entend produire une psychopathologie du *racisme lui-même* : l'identité névrosée de l'Antillais, les angoisses fantasmatiques du Malgache, les troubles de la personnalité de l'Algérien, sont autant de pathologies produites par le système colonial français lui-même, et non la matière symbolique, le terreau psychique, propices à l'imposition d'un ordre colonial. En d'autres termes, la colonisation ne répond pas à un besoin psychique de certains peuples en mal de la Loi blanche, elle crée, en tant que structure sociale oppressive, une situation névrotique inextricable, un *inconscient racial*. Ce qui nous intéresse ici c'est la façon dont Frantz Fanon se réfère au phallus/pénis. Fanon étudie la *Psychologie de la colonisation,* publié en 1950 par un professeur de philosophie Octave Mannoni. Dans cet ouvrage, l'auteur entreprend de faire une analyse psychologique de la colonisation dans laquelle il considère que certains peuples ont en eux le «germe de l'infériorité», qui les rendrait plus enclins à accepter, voire à recourir à, la colonisation. Inversement, le Blanc témoigne d'un complexe d'autorité, d'une personnalité de chef viril qui le rend naturellement colonisateur. Mannoni anticipe sur les éventuelles attaques dont pourrait faire l'objet cette psychologisation du colonialisme. Il affirme que le racisme ne vient pas des élites européennes, et partant des colons blancs, mais qu'il est plutôt un phénomène psychique parallèle, davantage entretenu par les classes populaires et laborieuses. La conclusion est donc que la colonisation est une forme de cure psychanalytique pacificatrice, y compris des conflits sociaux et interraciaux qui lui préexisteraient. Dans sa critique, Fanon s'intéresse à l'exemple privilégié par Mannoni pour défendre cette thèse : le récit des rêves de patients, adolescents malgaches. Tous les récits parlent de bêtes noires – des taureaux noirs furieux, des bœufs vengeurs[1], etc. – qui les poursuivent et les effraient et font parfois directement référence aux tirailleurs sénégalais. Les Malgaches sont donc traumatisés par des Noirs et non par les colons blancs. Fanon développe une critique en deux temps : l'Empire colonial français fonctionne sur

1. Frantz Fanon, *Peau noire, masques blancs,* Paris, Le Seuil, 1952, p. 81-83.

la « répartition raciale de la culpabilité »[1], montant le Français contre le Juif, le Juif contre l'Arabe, l'Arabe contre le Nègre, il assure ainsi sa Loi pacificatrice de Père symbolique autoritaire qui sépare les peuples indigènes. Mais il affirme, dans un second temps, qu'ici « les découvertes de Freud nous sont d'aucune utilité. Il s'agit de replacer ce rêve *en son temps*, et ce temps c'est la période pendant laquelle 80 000 indigènes ont été tués, c'est-à-dire 1 habitant sur 50 [...]. Le taureau noir furieux, ce n'est pas le phallus [...]. Le fusil du tirailleur sénégalais n'est pas un pénis, mais véritablement un fusil Lebel 1916 »[2], quant au bœuf furieux, c'est le nerf de bœuf que le colon français a mis dans la main des tirailleurs pour torturer des milliers de Malgaches. Les fantasmes sont *réels*.

Cette lecture de l'œuvre fanonienne et de sa critique de la psychologie coloniale, renvoie à la critique plus générale d'un certain discours psychanalytique sur la figure du « Père » et partant de la masculinité hégémonique, telle qu'elle s'est historiquement construite. La réalité de la violence coloniale et sa transformation en fantasmes propres au colonisé ou au colon, pourrait être mise en relation avec la généalogie du complexe d'Œdipe dans l'œuvre freudienne. En 1897, Freud renonce à comprendre les discours des patient-e-s d'après la théorie de la séduction *(neurotica)*, laquelle associait la survenue des symptômes à des attentats sexuels dans l'enfance, au profit du complexe d'Œdipe, qui renvoie ces symptômes à des fan-

1. *Ibid.*
2. *Ibid.*, p. 86.

*Le sujet politique du féminisme*

tasmes sexuels récurrents : « Il est clair que cet abandon arrangea considérablement la figure de celui dont le rôle dans la séduction revenait avec une insistance monotone : le père, mis en cause jusque-là. Par la suite, la statue du complexe d'Œdipe, qui est un dispositif interne au sujet, éclipsa presque totalement les situations de séduction réelle, au point qu'il devient classique et de bon aloi de soupçonner en toute hypothèse dans l'allégation de faits de séduction une défense contre les fantaisies œdipiennes. »[1] La mise en place de l'universel œdipien représente un moment clé dans l'histoire de la masculinité et de ses prérogatives ; celui de la mise en place d'un dispositif de savoir/pouvoir qui a consisté à symboliser le pouvoir patriarcal, alors contesté, à l'instituer en figure psychique : le Père. Comme l'analyse Michel Tort, « L'idée que les violences sont essentiellement l'expression des dispositions pulsionnelles constitutionnelles convient parfaitement à ceux qui se représentent que l'ordre qui régit les générations et le rapport des hommes aux enfants et aux femmes est dépourvu de violence, mais revêt la figure même de l'ordre des choses. »[2] L'ordre symbolique qu'impose l'Œdipe renvoie donc à un ordre historique : le Père symbolique étant ce qui vient contrecarrer la contestation historique du pouvoir patriarcal – contestation dont on peut faire l'histoire[3], et dont 1968 constitue l'acmé. La loi

1. Michel Tort, *La fin du dogme paternel*, 2005, Paris, Flammarion, 2007, p. 408.
2. *Ibid.*, p. 411.
3. Critique du pouvoir politique comme pouvoir paternel (XVIIe s.), Révolution française, intensification du mode de produc-

du Père constitutive d'un nouvel ordre symbolique prétendument anhistorique, s'apparente ainsi au dernier soubresaut du dogme paternel, qui se maintient en son fond sur une structure patrimoniale et patriarcale de domination. *Le père est mort, vive le Père*. Le Père, le phallus et son pouvoir séparateur originel, n'est autre qu'un dispositif historique par lequel l'on tente de maintenir la « différence des sexes et des générations », c'est-à-dire l'assujettissement des femmes, l'hétérosexualisation du désir et le monopole de la violence familiale légitime. C'est aussi un dispositif historique *colonial* qui a participé – qui participe – au maintien de la « différence des races et des peuples », c'est-à-dire à l'assujettissement des indigènes, à l'hétéroculturalisation des peuples et au monopole de la violence coloniale légitime.

Le discours psychanalytique hégémonique, en produisant un savoir sur la vérité de la famille (définissant des structures familiales non pathogènes et des structures familiales pathogènes), en a fait l'une des techniques de pouvoir les plus pérennes de gouvernement des corps, plus encore un modèle de *gouvernementalité*. Cette structure normative n'est ni une structure naturelle, ni une structure symbolique, mais bien une structure sociale – « véritable source conflictuelle »[1], comme l'écrit Fanon – qui masque sa propre historicité et qui a fait de l'inconscient sa stratégie disciplinaire parmi les plus efficaces.

tion capitaliste (XIXᵉ s.), mouvements anti-fascistes, mouvements anti-coloniaux, mouvements féministes, gays et lesbiens (XXᵉ s.)... Cf. Michel Tort, *La fin du dogme paternel, op. cit.*
1. Frantz Fanon, *Peau noire, masques blancs, op. cit.*, p. 81.

*Le sujet politique du féminisme*

Cet ordre symbolique n'a jamais été aussi puissant que dans les rhétoriques contemporaines du « déclin du père », qui s'inquiètent du délitement de la fonction symbolique paternelle et de ses conséquences pour l'équilibre psychique de la famille et, plus particulièrement, pour l'un de ses membres : le Fils. Enracinant ce déclin dans les mouvements de libération des femmes, et plus généralement sexuelle, elles crient à une efféminisation tendancielle de la société « occidentale », dont témoigne une certaine indifférenciation des rôles sexuels et parentaux : les hommes seraient devenus sensibles, voire pleutres, les pères des « papas poules », la norme de la masculinité homosexuelle, dominante. Cette efféminisation générale de la société s'apparente à une forme de castration vengeresse des hommes par les femmes qui tenteraient d'imposer un ordre de la Mère, une matrifocalité symbolique qui annonce le déclin de la France, voire de l'Occident face à un ailleurs – l'Orient – barbare, dont la prétendue violence patriarcale effraie et fascine. Une autre variante néo-coloniale d'un tel discours est quelque peu différente. Elle s'est particulièrement faite entendre lors des émeutes urbaines de l'automne 2005. Dans une vision monocausaliste qui remonte à l'ère industrielle : d'aucuns prétendent que les pères réels, frappés par la machine du capital, mis à genoux par le libéralisme, à terre par le chômage, ont laissé leurs fils avec une image délétère du Père symbolique et, partant, les ont abandonnés sans repère. Derrière ces pères réels, auxquels il est fait référence, ce sont en fait les travailleurs issus de l'immigration coloniale des Trente Glorieuses qui sont stigmatisés. Tout se passe comme si ces hommes harassés par le racisme étaient « par nature » démissionnaires, voire incapables d'incarner la Loi symbolique : l'État s'étant alors résolu à imposer le couvre-feu. La violence des fils est ainsi dépolitisée dans un processus de pathologisation à outrance qui l'érige en violence instinctive, viriliste. On pense le rapport générationnel des hommes racialisés depuis un complexe d'infériorité des pères, castrés par le pouvoir colonial, vers un complexe de supériorité réactive des fils, qui s'exprime dans une survirilité sauvage, sans foi ni loi. Or, dans les deux cas, ce discours phallocentré joue sur la distribution asymétrique du privilège symbolique de la virilité : pour le dire sans détour, tous les pénis ne sont pas des phallus. Cette vision masque ainsi efficacement la façon dont une gouvernementalité use d'une norme de masculinité paternaliste et viriliste, sous couvert d'une psychologisation de l'ordre politique. Les normes de la masculinité qui circulent, entre l'État – et plus largement les hommes politiques – et les émeutiers, apparaissent comme des ressources politiques imposées et aporétiques. Répondant à l'injonction viriliste, les « jeunes des banlieues » butent ici contre « les limites d'un point de vue cherchant à restaurer la masculinité au lieu de travailler minutieusement à sa transcendance »[1]. C'est dans la transcendance de cette masculinité, à la fois viriliste et raciste, qu'il faut alors trouver un point de convergence entre la pensée et les mouvements féministes historiques et la pensée et les mouvements anti-racistes et postcoloniaux émergents.

---

1. Paul Gilroy, *L'Atlantique noir,* 1993, trad. J.-P. Henquel, Paris, Kargo, 2003, p. 256.

## *Philosophies de l'identité et « praxis queer »*[1]

> « Pendant longtemps, je pensais qu'il serait drôle d'appeler ce que je faisais dans la vie du *terrorisme de genre*. Mais, je vois les choses un peu différemment aujourd'hui – les terroristes du genre ne sont pas les *drag queens,* les lesbiennes *butchs* [...] les "Marie couche-toi là" [...]. Les terroristes du genre ne sont pas les transsexuels *female to male* qui apprennent à regarder les gens droit dans les yeux quand ils marchent dans la rue... Les terroristes du genre sont ceux qui se tapent la tête contre un système de genre *réel* et *naturel,* et qui utilisent le genre pour nous terroriser. Ceux-là sont les vrais terroristes : les défenseurs du Genre. »
>
> Kate Bornstein[2].

### « Praxis queer » : subversion ou subjugation des normes ?

Littéralement, *« queer »* signifie « étrange », « bizarre », « anormal ». Ce terme est communément utilisé comme insulte homophobe : « pédale ». Au début du XXe siècle, le terme est utilisé dans l'argot homosexuel new-yorkais. Il devient une catégorie d'auto-identification dans le cadre d'une pratique de fierté, aujourd'hui devenue classique, qui consiste à retourner le contenu infamant d'une insulte

---

1. J'emprunte cette expression à Beatriz Preciado, *in* Marie-Hélène Bourcier, *Queer Zones,* Paris, Balland, 2001, p. 196.
2. Kate Bornstein, *Gender Outlaw : On Men, Women and the Rest of Us,* London, Vintage, 1995, p. 71-72. Ma traduction.

*Sexe, genre et sexualités*

– antiparastase. Il fait alors partie des multiples mots qui circulent dans la foisonnante « sous-culture » sexuelle. Avec les *« queers »*, on trouve, entre autres[1], les *« gays »*, les *« trades »*, les *« fairies »*, les *« fags »* ou *« faggots »*, les *« queens »*, les *« sissies »*, les *« drag »*, les *« wolves »*, les *« punks »*[2]... Autant d'appellations qui permettent d'identifier ou de s'auto-identifier selon différentes pratiques sexuées ou sexuelles codifiées – et non pas selon une « nature », une « essence » pathologisée. Comme le souligne l'historien George Chauncey, Harlem fut au début du XXe siècle, un lieu d'expérimentation politique, intellectuelle et sexuelle. Le quartier était surveillé par les pouvoirs publics qui y entretenaient « une vaste "industrie du vice", en grande partie contrôlée par des Blancs »[3], tenant des établissements – interdits aux Noirs –, où leurs clients pouvaient y voir une version totalement reconstruite de la culture noire (groupes de jazz, spectacles « exotiques », jouant sur une érotisation des stéréotypes racistes). Toutefois, une *« praxis queer »*, populaire, s'est en grande partie développée dans les interstices de ce canevas normatif et répressif exhibant des pratiques et des identités sexuelles

---

1. Cf. George Chauncey, *Gay New York (1890-1940)*, 1994, trad. D. Eribon, Paris, Fayard, 2003. À propos des pratiques et identités lesbiennes à la même période, on peut lire Eric Garber, « A spectacle in color : The lesbian and subculture of jazz Age Harlem », *in* G. Chauncey *et al.*, *Hidden From History : Reclaiming Gay and Lesbian Past*, New York, Plume Books, 1990.
2. *« Punks »* désigne initialement les jeunes amants recherchés par les *« wolves »*.
3. George Chauncey, *Gay New York, op. cit.*, p. 310.

*Philosophies de l'identité et « praxis queer »*

qui jouaient de façon dissonante sur une gamme de préjugés sexistes, homophobes ou racistes. Dans une certaine mesure, c'est en partie parce que la nébuleuse gay et lesbienne de couleur ne pouvait incarner les normes sexuelles et racistes dominantes, modèle inatteignable de respectabilité et de reconnaissance, qu'il a été possible de mettre en place des codes sexuels alternatifs ou excentriques. Or cette codification de la *praxis queer* a fonctionné sur la mise en scène décalée, exubérante, parodique, des normes dominantes en matière de sexe, de sexualité et de couleur. Les « folles flamboyantes » des bals gays de Harlem – le plus célèbre était celui de la Hamilton Lodge – concouraient pour le titre de reines, en actrice hollywoodienne, femme fatale, new-yorkaise chic, etc.[1]. C'est le statut racial tout autant que le statut sexuel qui est mis en scène, faisant de la féminité blanche, féminité dominante et racialisée, une véritable « mascarade »[2] : la renforçant *et* la déstabilisant tout à la fois comme norme de référence et comme idéal. Comme l'écrit Didier Éribon à propos de la théâtralité propre de l'homosexualité : « C'est [...] parce qu'un homosexuel doit si longtemps *jouer ce qu'il n'est pas* qu'il ne peut ensuite *être ce qu'il est* qu'en le jouant. » Mais ici, il y a une mise en abîme de « cette mise en scène de soi », caractéristique des sujets stigmatisés et marginalisés en raison de leur sexualité, ce qu'Ève Kosofsky Sedgwick

---

1. *Ibid.,* p. 330.
2. Je reprends ici la définition de la mascarade telle qu'elle est développée par la psychanalyste Joan Rivière en 1929. Voir Pascale Molinier, *L'énigme de la femme active,* Paris, Payot, 2006.

appelle l'« inépuisable source d'énergie transformationnelle »[1] d'une vie maintenue dans la honte : le racisme accentuant ce processus de mise en scène de soi-même que la culture queer des bals new-yorkais du début du siècle a théâtralisé dans l'exubérance, exhibant les privilèges de la classe dominante en les mimant.

En 1990 sort un film documentaire, intitulé *Paris is burning,* réalisé par Jennie Livingston (États-Unis), qui porte sur les *« balls »* new-yorkais dans les années 1980, ces bals organisés dans la communauté lesbienne, gay et transsexe ou transgenre[2], depuis les années 1960, 1970, où ont lieu plusieurs concours de danse, de beauté, etc., mettant en compétition des « houses » (petite communauté organisée de gays et transsexes ou transgenres, dans les milieux africains-américains ou latinos), dans la tradition du Harlem queer du début du XXe siècle. Devenu culte, ce film a fait polémique autour de la question des pratiques et identités excentriques, et plus particulièrement des pratiques *« drag »* (littéralement travestissement)[3]. Dans le film, l'un des mots d'ordre des *Drag Queens* est *« be real ».* Cette valorisation de la réalité du genre est-elle compatible avec sa dénaturalisation ? Ces pratiques participent-elles à la subversion des normes dominantes – de sexe, de « race », de sexualité, de

---

1. Ève Kosofsky Sedgwick, « Queer Performativity », *GLQ*, n° 1, 1993, p. 4.
2. Cf. « La police du réel *vs* les politiques trans » dans ce volume.
3. Véritable culture, la pratique *« drag »* consiste à performer tous les traits caractéristiques d'une femme *(Drag Queen)* ou d'un homme *(Drag King),* travaillant tous les artifices et les postures du féminin et du masculin, quitte à les pousser à leur paroxysme.

*Philosophies de l'identité et* « praxis queer »

classe –, ou contribuent-elles à la *ré*-idéalisation de ces normes, dans un rapport de subjugation des sujets stigmatisés et marginalisés ? Autour de ce documentaire et de la polémique qui s'ensuivit, c'est aussi à une critique de la nouvelle mouvance politique et théorique queer, (re)apparue dans les années 1990 aux États-Unis, que l'on assiste.

La « théorie Queer » est une expression de Teresa de Lauretis dans un texte de 1991[1]. Dans ce texte manifeste, elle opère le même mouvement critique que la pensée féministe quelques années auparavant à propos du sujet « femmes ». Les identités « lesbiennes et gays » sont devenues des identités qui tendent à homogénéiser les différentes identités sexuelles, mais aussi de couleur et de classe, qui circulent et façonnent nos sexualités. En d'autres termes, elles contribuent à *re*naturaliser le binarisme homosexuel/hétérosexuel, sur le modèle du binarisme femme/homme, plutôt que de le complexifier. Comme pour la politique féministe dans le contexte de la mobilisation des années 1960 et 1970, la constitution d'un sujet politique des luttes lesbiennes et gays s'est opérée à un moment crucial, et vital, de mobilisation contre l'épidémie du sida et le manque de politique de prévention. Toutefois, l'agenda politique des mouvements ne doit pas se substituer à une véritable réflexion sur la question des

---

1. Teresa de Lauretis, « Théorie Queer : sexualités lesbiennes et gaies. Une introduction », 1991, trad. M.-H. Bourcier, *Théories queer et cultures populaires de Foucault à Cronenberg,* Paris, La Dispute, 2007, p. 100. Au même moment, à New York, se constitue le groupe militant emblématique *Queer Nation,* contre les violences homophobes, lesbophobes, transphobes, sexistes et racistes.

sujets politiques de ces mouvements. Dès son apparition, la « théorie Queer » s'est donné pour tâche de penser ce sujet politique de la sexualité et d'interroger le sujet homosexuel comme implicitement gay, blanc et économiquement aisé. « Finalement, c'est parce que la sexualité est si inévitablement personnelle, parce qu'elle enchevêtre de manière si inextricable le soi avec les autres, le fantasme et la représentation, le subjectif et le social, que les différences de race et de genre sont un sujet crucial de préoccupation pour la théorie queer et que seul le dialogue critique peut procurer une meilleure compréhension de la spécificité et de la partialité de nos histoires respectives ainsi que des enjeux de quelques-unes de nos luttes communes. »[1] C'est donc, non seulement, la question de l'articulation entre sexualité et racisme qu'il s'agit d'interroger, mais aussi celle entre le sexe, le genre et la sexualité (*Drag Queen, Drag King,* les identités lesbiennes *Butch/Fem*[2]..., et les identités transsexe et transgenre).

La *praxis queer*, soulève ainsi la question de la subversion des identités sexuelles et la pose à nouveaux frais. L'enjeu peut être pensé en termes d'épistémologie politique des pratiques de résistance. Très largement inspirée par la philosophie foucaldienne, le concept *queer* de sub-

1. *Ibid.,* p. 113.
2. Identités lesbiennes fonctionnant sur des codes masculin/féminin. Voir Gayle Rubin, « Of Catamites and kings. Reflections on butchs, gender and boundaries », 1992, *in* S. Stryker, S. Whittle, *The Transgender Studies Reader,* New York, Routledge, 2006, et C. Lemoine, I. Renard (dir.), *Attirances : Lesbiennes fems / lesbiennes butchs,* Paris, Éditions gaies et lesbiennes, 2001.

*Philosophies de l'identité et « praxis queer »*

version suppose qu'il n'y a pas de position en dehors du pouvoir – « *un* lieu du grand Refus – âmes de la révolte, foyer de toutes les rébellions »[1], mais plutôt des exercices multiples de résistance : « possibles, nécessaires, improbables, spontanées, sauvages, solitaires, concertées, rampantes, violentes, irréconciliables, promptes à la transaction, intéressées, ou sacrificielles »[2]. En d'autres termes, et en simplifiant provisoirement les diverses *praxis* trop rapidement comprise sous un même label « Queer », il n'y a pas d'en dehors du « sexe ». Aussi la multiplicité des pratiques et d'identités sexuelles (de genre et de sexualité), qui circulent constamment dans la culture *queer*, ne peut être pensée comme de simples « imitations » des normes dominantes. Les pratiques de résistance ne portent donc pas sur l'utopique abolition du « sexe », mais plutôt sur la subversion du système dominant, fondé sur le *dimorphisme* (mâle/femelle, masculin/féminin), le *causalisme* (anatomie/*ethos*, sexe/genre – entendu ici comme les acceptions culturellement et socialement, admises du féminin et du masculin), et l'*hétérosexisme* (hétérosexualisation du désir et phallocentrisme).

## Judith Butler : si tout est construit, alors...

En 1990, Judith Butler publie *Gender Trouble*. Elle aborde la problématique « sexe/genre » en ces termes :

1. Michel Foucault, *Histoire de la sexualité*, I : *La volonté de savoir*, Paris, Gallimard, 1976, p. 126.
2. *Ibid.*

« [Le genre] désigne précisément l'appareil de production et d'institution des sexes eux-mêmes [...] ; c'est aussi l'ensemble des moyens discursifs/culturels par quoi "la nature sexuée" ou un "sexe naturel" est produit et établi dans un domaine "prédiscursif", qui précède la culture, telle une surface politiquement neutre *sur laquelle* intervient la culture après coup. »[1] Le genre est ce qui construit « le caractère fondamentalement non construit du "sexe" »[2].

Dans son dernier chapitre, la philosophe élabore son concept majeur de « performance/performativité du genre ». Elle part de l'idée selon laquelle « le corps est façonné par des forces politiques ayant stratégiquement intérêt à faire en sorte qu'il reste fini et constitué par les marqueurs du sexe »[3]. Autrement dit, le corps, le corps sexué, n'est pas le fondement inébranlable, le socle naturel des hiérarchies et divisions sociales. Le corps sexué n'est pas la cause – ni même l'occasion – d'un rapport de pouvoir, mais plutôt l'effet d'un rapport de pouvoir, au sens où il est façonné, discipliné par ce rapport, qui renvoie à un système de domination articulé à l'hétérosexualité obligatoire. Cette discipline, cette « matrice hétérosexuelle » (ce que Butler appelle aussi les matrices de la hiérarchie de genre et de l'hétérosexualité obligatoire), définie comme rapport de pouvoir historique, cible le corps en même temps qu'elle le produit comme un corps

---

1. Judith Butler, *Trouble dans le genre, op. cit.*, p. 69.
2. *Ibid.*
3. *Ibid.*, p. 248.

*Philosophies de l'identité et « praxis queer »*

sexué. Par conséquent, le corps n'est pas une matérialité pure, préculturelle, prédiscursive, « vierge » de tout pouvoir, en deçà de cette production disciplinaire qui le constitue. « En d'autres termes, les actes, les gestes, les désirs exprimés et réalisés créent l'illusion d'un noyau interne et organisateur du genre, une illusion maintenue par le discours afin de réguler la sexualité [...]. Le fait de passer d'une origine politique et discursive de l'identité de genre à un "noyau" psychologique exclut qu'on analyse la constitution politique du sujet genré et les idées toutes faites sur l'indicible intériorité de son sexe ou de sa véritable identité. »[1] Le genre constitue ainsi le corps en identité intelligible au sein de la matrice hétérosexuelle, produisant un mode d'intelligibilité de *son* corps propre, et partant de *soi* : enjoignant aux individus de déclarer leur sexe, leur genre, leur sexualité, à lire leur « véritable identité », leurs « désirs enfouis », leur « authentique moi », à travers le prisme de cet « idéal normatif »[2]. Cela a, en outre, pour fonction d'invisibiliser toutes les stratégies d'incorporation de cette discipline, tous les mécanismes sociaux d'intériorisation des identités de sexe, de genre et de sexualité. Reprenant les thèses de Michel Foucault dans *Surveiller et punir,* Butler pense ainsi « la production disciplinaire du genre »[3] comme un ensemble de pratiques régulatrices, discursives et physiques, qui produit une « corporéité significative » de l'identité personnelle « viable », de la per-

1. *Ibid.,* p. 259.
2. *Ibid.,* p. 84.
3. *Ibid.,* p. 258.

*Sexe, genre et sexualités*

sonne, *en tant que personne intelligible parce qu'un genre l'habite*[1]. Le genre est ainsi pensé comme instrument et effet.

À partir de ce point, la mise en place du concept de performativité/performance du genre permet à Butler d'une part, d'analyser en détail ce processus d'intériorisation des normes, des codes dominants d'intelligibilité de l'identité propre, en tant que processus contraignant ; d'autre part, de se concentrer sur l'une des modalités de ce processus, jusqu'ici peu travaillée par la philosophie féministe, à savoir les modalités discursives de cette intériorisation, de cette incarnation des normes. S'inspirant, pour ce faire, du philosophe du langage John Austin[2] et de sa distinction entre les énoncés descriptifs, les énoncés déclaratifs et les énoncés performatifs, Judith Butler cible le fonctionnement discursif de la discipline du genre et définit ses énoncés « typiques » comme des énoncés *performatifs*. Les énoncés de genre sont communément appréhendés comme des énoncés « constatifs » ou « déclaratifs » : « c'est une fille ! » ou « c'est un garçon ! », constate le gynécologue accoucheur, « une femme fait la vaisselle », « un

---

1. « Une "âme" habite [l'homme] et le porte à l'existence, qui est elle-même une pièce dans la maîtrise que le pouvoir exerce sur le corps. L'âme, effet et instrument d'une anatomie politique ; l'âme, prison du corps » (Michel Foucault, *Surveiller et punir,* Paris, Gallimard, 1975, p. 34).
2. Cf. John Austin, *Quand dire, c'est faire,* Paris, Le Seuil, 1991. Voir également la lecture qu'en fait Pierre Bourdieu, *Langage et pouvoir symbolique,* Paris, Le Seuil, p. 189-190, et que discute Judith Butler dans *Le pouvoir des mots,* 1997, trad. C. Nordmann, Paris, Amsterdam, 2004.

*Philosophies de l'identité et* « praxis queer »

homme regarde la télévision », lit-on ; « F ou M », déclarons-nous en cochant ces cases sur tous les documents administratifs, ou même en proférant notre prénom... Pour Judith Butler, il s'agit plutôt d'énoncés « performatifs », dans la mesure où ces énoncés *font ce qu'ils disent*. Et que disent-ils ? Que font-ils ? Ils font des « sujets genrés », au sens où ils font ceux/celles qui sont précisément censés les endosser ou les proférer. Ces actes de discours produisent leurs propres agents, leurs propres créateurs/locuteurs : les actes genrés qui nous identifient, produisent des sujets genrés pour les effectuer. L'ensemble de ces pratiques discursives, qui sont autant de rituels sociaux contraignants que nous accomplissons pour nous signaler, pour nous marquer, pour incarner un « homme » ou une « femme », sont autant d'énoncés performatifs qui font ce qu'ils disent : *je suis* une femme ou *je suis* un homme. Sur l'exemple des performatifs classiques que sont les énoncés suivants : « Je vous marie » ou « je vous condamne », Butler montre que l'énoncé de l'agent de l'état civil ou plus encore celui de l'échographe au cinquième mois de la grossesse – « c'est une fille ! » ou « c'est un garçon ! » – est un performatif[1]. En effet, dans ces circonstances où l'échographe est placé en situation d'autorité dans un lieu institutionnel qui est le cabinet médical ou l'hôpital, l'échographe, donc, fait du fœtus, un individu genré, au sens où le genre participe intrinsèquement à la définition dominante de l'individu – ici en devenir. Dès

---

1. Judith Butler, *Bodies that matter,* New York, Routledge, 1993, p. 232.

lors, on n'attend plus un « enfant », on attend une « fille » ou un « garçon ». En outre, l'échographe ne constate pas l'identité sexuelle du fœtus, puisque pour ce faire il devrait entreprendre un ensemble de tests – ceux-là même qui sont considérés comme scientifiquement pertinents dans la détermination du sexe, dans le cadre des naissances d'enfants intersexes[1].

Le genre n'est donc pas un fait, un donné, c'est un ensemble de pratiques disciplinaires, mais aussi d'actes discursifs, qui fonctionnent, qui s'effectuent. Dans ce dernier cas, le genre est un *rapport discursif en acte,* qui se masque comme tel. En témoigne le fait déterminant que le genre comme performatif doit constamment se redire, se répéter, il n'a aucune efficacité sans sa propre réitération : le genre ne se dit pas une fois pour toutes, ni descriptif, ni déclaratif, il doit se répéter sans cesse. C'est cette permanente répétition du genre à l'intérieur d'un cadre régulateur que Butler nomme le style : « Le genre c'est la stylisation répétée des corps. »[2] La répétition discursive prenant littéralement corps, le corps est l'effet de répétition dans le temps d'actes de discours. Le genre comme performatif est donc en permanence rejoué : il s'agit d'un rituel que l'on nous enjoint d'effectuer. Toutefois, c'est précisément dans cette injonction à la répétition du même que le rapport de genre s'expose à être démasqué comme *rapport social* (c'est-à-dire comme construction et comme domination).

1. Voir le chapitre sur « Historicité du sexe » dans ce volume.
2. Judith Butler, *Trouble dans le genre, op. cit.,* p. 109.

*Philosophies de l'identité et « praxis queer »*

Est-ce à dire que ce rapport social est déréalisé par Judith Butler ? Au contraire, si la performativité du genre s'apparente à une contrainte politique qui rend possible la construction sociale du genre sur le mode ontologique, comme quelque chose qui est toujours déjà là[1], ce n'est pas parce que la matrice hétérosexuelle est aussi une production discursive, qu'elle n'est pas « réelle », oppressante, efficace. Ainsi, loin de réduire le genre à un « simple » discours, loin de déréaliser la dimension foncièrement violente du rapport de genre, Judith Butler développe le concept de performativité du genre pour penser la matérialisation du genre dans sa construction discursive et sociale, que les corps sont obligés de mettre en acte en les stylisant. « La construction nous force à croire en sa nécessité et en sa naturalité [...]. Si ces styles sont produits par des actes et s'ils produisent des sujets genrés avec cohérence se faisant passer pour leurs propres créateurs, quelle sorte de performance serait en mesure de révéler que cette "cause" apparente est un "effet" ? »[2] Inversement, ce n'est pas parce que les *Drag Queens* « jouent » des types de féminité, qu'elles ne sont pas « réelles ». Mais il s'agit ici d'une réalité hétérodoxe, hors norme, troublante. « Dans les productions de la réalité du bal travesti *[drag ball]*, nous produisons et témoignons de la constitution fantasmatique d'un sujet, un sujet qui répète et mime les normes légitimantes par lesquelles il a été lui-même dégradé, un sujet qui trouve son fondement dans le projet

1. *Ibid.*
2. *Ibid.*, p. 264.

*Sexe, genre et sexualités*

de maîtriser ce qui contraint et perturbe ses propres représentations. Ce n'est pas un sujet qui reste en arrière de ses identifications et décide de façon instrumentale si oui ou non et comment il va travailler chacune de ses identifications aujourd'hui ; au contraire, le sujet est l'imbrication incohérente et mobilisée d'identifications ; il est constitué dans et par l'itérabilité de ses performances, une répétition qui travaille immédiatement à légitimer et délégitimer la réalité des normes par lesquelles il est produit. »[1]

### Le concept de « puissance d'agir »

En passant de la *performativité du genre* aux « différents styles corporels »[2] hétérodoxes, réprimés, re-signifiés, aux *performances de genre,* Butler tente de saisir la logique même du rapport de genre, mais aussi ses failles. Si les énoncés propres à la discipline genre ne sont pas constatifs ou déclaratifs, s'ils fonctionnent comme des performatifs, cette discipline a besoin d'une production performative continuée et répétée. Cette répétition est donc à la fois sa condition de possibilité et d'efficacité, mais elle est aussi ce par quoi elle peut être mise en échec. C'est dans la répétition, la répétition incohérente, inintelligible, la réitération inadéquate, décalée du performatif que réside sa possible subversion. Subvertir la performativité du genre, joue sur la relation entre le dire et le faire : performer de façon incohérente, inintelligible ce que l'on dit que je suis,

1. Judith Butler, *Bodies that matter, op. cit.,* p. 131. Ma traduction.
2. Judith Butler, *Trouble dans le genre, op. cit.,* p. 264.

*Philosophies de l'identité et « praxis queer »*

ce que je dis que je suis. Subvertir, c'est quand dire, c'est « défaire ».

Dès 1990, Judith Butler écrit : « En soi, la parodie n'est pas subversive, il faut encore chercher à comprendre comment certaines répétitions parodiques sont vraiment perturbantes, sèment réellement le trouble, et lesquelles finissent par être domestiquées et circuler de nouveau comme des instruments de la domination culturelle. »[1] L'interrogation de Butler sur les performances subversives pourrait renvoyer à ce que John Austin appelle les « énoncés malheureux ». Autrement dit, à quelles conditions un énoncé performatif ne fonctionne pas ? Comment rendre les performatifs de genre malheureux, c'est-à-dire improductifs en matière de normes de genre ? Ce sera le cas emblématique des performances *drag* : leur performance n'est pas subversive en soi, mais elle permet de comprendre comment mettre à mal la performativité du genre, en exposant les conditions matérielles, les rapports de pouvoir, qui la rendent efficace : si la domination est performative dans son fonctionnement et son effectuation, la subversion l'est également.

Pour Judith Butler, il s'agit de montrer que le sujet genré n'est pas la cause de ses discours et de ses actes, mais bien leur *effet*. Ce que la *Drag Queen* performe dans l'exubérance et la subversion est exactement équivalent à ce que nous faisons chaque jour lorsque l'on est « norma-

---

1. *Ibid.,* p. 262. Elle le redira dans *Bodies that matter, op. cit.,* p. 125 et dans *Défaire le genre,* trad. M. Cervulle, Paris, Amsterdam, 2006, p. 233-261.

lement » homme ou femme : moi ou la *Drag Queen,* c'est de la performance. Il n'y a pas d'un côté le faux, les fards, les paillettes et la parodie et de l'autre, le vrai, l'authentique, le naturel, c'est-à-dire le modèle de la parodie. Le cœur de l'argumentation de Judith Butler est de montrer qu'en matière de genre, il n'y a pas de *modèle original,* il n'y a pas de genre authentique : le genre est une parodie sans original. « En imitant le genre, le drag révèle implicitement la structure imitative du genre lui-même – ainsi que sa contingence. »[1]

Les performances des *Drag Kings* sont ici déterminantes. Comme l'a montré Judith Halberstam, la masculinité dominante qui préside aux rapports de pouvoir hétérosexistes, mais aussi aux rapports de classe ou de couleur, est particulièrement complexe à performer car elle semble indéterminée, neutre, lisse[2]. Au contraire, les masculinités subalternes (le « rappeur » Noir, la « petite frappe » de banlieue, « le prolo » du Nord, etc.), tout comme la féminité, sont aisément « caricaturables », car elles sont des figures déterminées par rapport à la figure de référence qu'est le Sujet – blanc, bourgeois, hétérosexuel, à la masculinité policée. On pourrait donc se demander si les techniques discursives dominantes n'« organiseraient » pas, dans une certaine mesure, leur propre mise en échec. La dimension performative des identités sexuelles, mais aussi

---

1. Judith Butler, *Trouble dans le genre, op. cit.,* p. 261.
2. Judith Halberstam, « Mackdaddy, superfly, rapper : Gender, race, and masculinity in the Drag King scene », *Social Text,* n° 52/53, 1997.

*Philosophies de l'identité et « praxis queer »*

sociales ou de couleur, seraient d'autant plus efficaces qu'elles ne « font », ou ne « fabriquent », pas que des sujets dominants. Tout se passe comme si certaines performances étaient d'emblée posées comme originales, authentiques et réelles, alors que d'autres sont parodiques et inauthentiques. Le rapport de pouvoir orchestre ainsi une forme d'ontologisation de certaines performances par un jeu d'imitations et de copies plus ou moins conformes du réel Sujet. Ce processus est particulièrement patent dans le cadre du racisme et du colonialisme. Le devenir sujet des colonisés se réfère à la norme racialisée d'un Sujet, qu'incarne parfaitement l'homme blanc. Or l'une des tactiques privilégiées du pouvoir colonial se caractérise par ce que Homi Bhabha appelle l'ambivalence de l'imitation : « Presque le même, mais pas tout à fait » [ « *almost the same, but not quite* » ][1]. C'est un processus qui permet non seulement de maintenir l'autre à l'extérieur du monde des dominants – toujours dans une performance imparfaite, malheureuse, de la norme – et donc de l'exclure comme un imposteur, tout en le contrôlant absolument, car pendant qu'il s'évertue à copier, il n'invente pas de modes inédits de résistance. En effet, pour être efficace, l'imitation doit toujours « en rajouter », elle est par définition dans l'excès. Et c'est grâce à cet excès impossible à masquer tout à fait que le dominé peut être tenu en respect. Le sujet colonisé, subalterne imite, donc il est, mais puisqu'il imite, il ne sera jamais véritablement. Les masculi-

1. Homi Bhabha, *The Location of Culture,* 1994, New York, Routledge, 2005, p. 123.

nités subalternes sont toujours dans cette imitation défaillante de la masculinité policée, lisse, dominante, dans un excès viriliste qui les rend suspectes. Ainsi, contraint de performer l'identité dominante, ce n'est jamais moi que je produis comme Sujet (de mes actes, de mes discours, de mes mimiques), car je suis toujours démasqué comme un imitateur. En revanche, ce que je produis, ce que je réalise, c'est le Blanc comme orignal, le Blanc comme Sujet authentique.

La subversion des normes de genre passe donc aussi par une critique de la catégorie historique de Sujet. C'est à l'occasion de cette critique que Judith Butler développe son concept de « puissance d'agir » : performer de façon excentrique, hétérodoxe, incohérente, inintelligible, un procès qui sans cette répétition ne saurait assurer ses conditions de reproduction, permet de produire d'autres sujets, mais surtout d'autres matrices de production des sujets. Reste que de tels sujets subversifs s'exposent à une violence répressive que seule la constitution d'un sujet politique peut contrecarrer.

La conception butlérienne de la subversion n'implique pas que la matrice hétérosexuelle, une fois dénoncée, comme parodique, se dissolve, presque magiquement, dans une multiplicité de « matrices concurrentes et subversives qui viennent troubler l'ordre du genre »[1]. Nombre de commentateurs ont reproché, parfois naïvement ou sarcastiquement, à la philosophie de Butler de laisser les dominés face à leur propre responsabilité,

---

1. Judith Butler, *Trouble dans le genre, op. cit.*, p. 85.

comme si le problème était qu'ils demeurent subjugués, tétanisés, par leur propre croyance en l'omnipotence d'une domination « simplement discursive ». C'est oublier la force punitive que la domination déploie à l'encontre de tous les styles corporels qui ne sont pas cohérents avec le rapport hétéronormé qui préside à l'articulation des catégories régulatrices que sont le sexe, le genre et la sexualité, force punitive qui attente à la vie même de ces corps (violences et crimes sexistes, homophobes, lesbophobes ou transphobes). L'analyse butlérienne de la scène *drag*, révèle en fait des stratégies politiques viables et définit des tactiques collectives efficaces, parmi d'autres possibles. Si le sujet est construit dans et par ses actes, actes qu'on lui enjoint d'accomplir et de répéter, si le sujet est un acte performatif au sens où ce que je dis, ce que je fais, produit un locuteur – genré – pour les proférer et un agent – genré – pour les effectuer, il faut conclure que le sujet n'est pas prédiscursif, qu'il ne préexiste pas à son action. En d'autres termes, notre puissance d'agir n'a pas pour condition de possibilité une identité substantive, un sujet agissant, « une structure prédiscursive à la fois du soi et de ses actes »[1]. Dans sa forme dominante, cette identité substantive n'apparaît évidemment pas comme genrée, ce que montrent les performances des *Drag Kings* : l'idéal moderne du Sujet est pensé dans une forme d'indétermination, d'universalité, qui correspond de fait à un processus d'invisibilisation des interpellations du sujet dominant – comme mâle, bourgeois, hétérosexuel, blanc. La

1. *Ibid.*, p. 268.

discipline du genre commence donc par l'imposition d'un mode de constitution du sujet, qui comprend une typologie hiérarchique des sujets sexuels intelligibles.

La question du sujet politique, et plus particulièrement du sujet du féminisme, est donc reposée par Judith Butler. Dans une certaine mesure, on peut dire que l'une des modalités les plus efficaces de la discipline du genre est d'imposer des modes de constitution du sujet politique qui rendent la contestation aporétique : en considérant, par exemple, que le sujet politique du féminisme, *« Nous, les femmes »,* est un préalable à toute action, le féminisme performe une identité forclose – contraignante bien que socialement construite – qui répète, réitère, un agent qui, loin de mettre à mal les normes dominantes en confirme la pertinence et l'intelligibilité, telle que définie par la matrice hétérosexuelle et raciale. Ainsi, soit le féminisme s'essentialise et identifie son sujet à l'acception dominante du sujet « Femme » (excluant tous les sujets qui performent, en la répétant de façon « inadéquate » cette identité) ; soit le féminisme verse dans la conscience malheureuse d'une perte de savoir de soi qui le rend impuissant à agir – qui est le « Nous » du féminisme ? Agir au nom de qui ? La puissance d'agir subversive du féminisme a donc pour condition de possibilité de renoncer à ce postulat épistémologique d'un sujet collectif préalable à l'action collective. Ce n'est que dans l'action en tant qu'elle s'inscrit dans un processus constant de resignifications que le sujet du féminisme se construit, s'effectue et se conteste – c'est-à-dire redéfinit constamment ses propres contours. En ce sens, Judith

*Philosophies de l'identité et* « praxis queer »

Butler rejette une conception forte du « sujet » de la philosophie féministe contemporaine, qui échoue à penser des coalitions politiques entre les mouvements, en raison d'une conception du sujet qui demeure le fondement de la puissance d'agir. Elle privilégie, au contraire, ce que l'on pourrait appeler une épistémologie de la subversion « non fondationnaliste ».

## *Technologies du sexe*

« Sur ce, salut les filles, et meilleure route... »<br>
Virginie Despentes[1].

### *Sexe « naturel », sexe « artificiel »* : Gode saves the king

L'épistémologie de la subversion prend acte du rapport de pouvoir à l'œuvre dans la production et la définition des termes mêmes qui le composent. Autrement dit, elle travaille sur le fait que ces termes (hommes/femmes, masculin/féminin, hétérosexuel/homosexuel, actif/passif...), n'ont pas de réalité ou de pertinence en deçà ou en dehors du rapport antagonique qui les constitue. Par conséquent, la ligne de mire de toute politique de subversion ne consiste pas tant à dépasser, détruire ou abandonner ces termes, mais bien plutôt à contester, à bouleverser, à transformer le rapport qui les engendre, c'est-à-dire à subvertir le dispositif de savoir et de pouvoir qui se masque derrière l'ontologisation des sexes. La politique de la subversion peut donc aboutir, soit à une mutation des sexes, tels qu'ils deviennent interchangeables, méconnaissables et donc inédits, soit à leur diffraction, à leur multiplication. Mais la finalité n'est pas le sexe (comme un

---

1. Virginie Despentes, *King Kong théorie,* Paris, Grasset, 2006, p. 156.

invariant indépassable ou comme une catégorie à abolir), mais plutôt le rapport de pouvoir qui le produit *ici et maintenant*. Au sein de la pensée féministe, la question de la subversion des identités a suscité un large débat qui s'est cristallisé autour de trois cultures théoriques et politiques majeures : la question des identités et sexualités lesbiennes, la question de la pornographie – et de ce que l'on appelle le « post-porno » – et celle enfin des politiques *trans* (transsexe, transgenre).

Une des appréhensions communes de la culture lesbienne consiste à lire toutes les identités, les pratiques et les codes sexuels lesbiens à travers l'hétérosexualité. Historiquement la sexualité lesbienne a communément été considérée comme *non sexuelle,* un badinage de jeunes filles, en référence au coït reproducteur. Toutefois, la visibilité croissante de certaines identités, pratiques et codes sexuels lesbiens, comme les performances des *Drag Kings,* les identités *Butch/Fem,* le technosexe (sexualité avec godemiché et harnais principalement), le sadomasochisme lesbien[1], notamment au sein des mouvements féministes, a modifié l'appréhension de la sexualité lesbienne. Ces cultures seraient étroitement articulées aux normes dominantes de la masculinité et de la féminité, perçues comme des imitations de la masculinité et de ses prérogatives, entretenant l'idée que l'hétérosexualité est la cause du désir lesbien. L'analyse des cultures lesbiennes incriminées porte donc sur leur prétendue imitation

---

1. Cf. Lynda Hart, *La performance sado-masochiste,* 1998, trad. A. Lévy-Leneveu, Paris, EPEL, 2003.

*Technologies du sexe*

ostensible du patriarcat hétérosexuel et partant sur leur plus ou moins grande complicité quant à sa perpétuation. En adoptant des codes sexués rigides (masculin/féminin), en performant des pratiques polarisées (dominant/dominé), en usant sexuellement d'objets, une certaine sexualité lesbienne conforterait, plus qu'elle ne subvertirait, l'hétérosexisme. Cette polémique a entretenu ce que l'on a appelé outre-Atlantique une « *sex war* » au sein de la théorie féministe.

Dans une certaine mesure, cette appréhension polémique de la sexualité lesbienne est développée par Simone de Beauvoir elle-même dans le chapitre controversé du *Deuxième sexe*, consacré à « La lesbienne ». Le texte de De Beauvoir s'ouvre sur la révocation de la thèse de l' « inauthenticité » de la lesbienne : « Définir la lesbienne "virile" par sa volonté "d'imiter l'homme", c'est la vouer à l'inauthenticité. J'ai dit déjà combien les psychanalystes créent d'équivoques en acceptant les catégories du masculin-féminin telles que la société actuelle les définit. En effet, l'homme représente aujourd'hui le positif et le neutre, c'est-à-dire le mâle et l'être humain, tandis que la femme est seulement le négatif, la femelle. Chaque fois qu'elle se conduit en être humain, on déclare donc qu'elle s'identifie au mâle. »[1] Mais l'ambivalence de De Beauvoir est constante : d'un côté elle valorise la sexualité lesbienne comme une sexualité « dans l'égalité »[2] où les partenaires peuvent être tour à tour « sujet et objet », « souveraine et

---

1. Simone de Beauvoir, *Le deuxième sexe, op. cit.*, II, p. 197.
2. *Ibid.*, p. 212.

esclave »[1], d'un autre, elle stigmatise le calme et la douceur des étreintes et tendresses charnelles entre femmes, comparés à la volupté foudroyante, vertigineuse des extases entre un homme et une femme[2].

De Beauvoir récuse la thèse de l'« inauthenticité », et sa critique vise non pas l'inauthenticité présumée de la lesbienne dite « virile » (par son *éthos* ou par les outils qu'elle s'adjoint), mais bien l'inauthenticité fondamentale des discours de la sexologie et de la psychanalyse qui objectivent le lesbianisme dans une forme de déterminisme que l'un rattache à un déséquilibre hormonal, l'autre à un traumatisme (attachement infantile « anormal » à la mère, expériences hétérosexuelles « malheureuses », etc.), faisant du lesbianisme l'*effet* d'un dérèglement physiologique ou psychologique. En ce sens elle restitue une certaine liberté sexuelle aux femmes et, partant, pense le choix sexuel comme l'effet d'une liberté subjective. Cependant, elle dénonce aussi la « mauvaise foi » de celles qui s'obstinent dans une virilité d'artifice : « [La lesbienne] demeure évidemment privée d'organe viril ; elle peut déflorer son amie avec la main ou utiliser un pénis artificiel pour mimer la possession : elle n'en est pas moins un castrat. »[3] Ici, il s'agit bien de l'inauthenticité de la lesbienne elle-même. La lesbienne harnachée d'un godemiché serait une figure de la mauvaise foi au sens où elle abuse de sa propre liberté aux dépens de la vérité, elle joue à se croire ce qu'elle n'est

1. *Ibid.*, p. 208.
2. *Ibid.*, p. 213.
3. *Ibid.*, p. 203.

pas : un homme. Or De Beauvoir n'est pas cohérente : en utilisant les catégories d'homme et de femme – qui plus est à partir d'un référent anatomique –, elle plaque sur le gode un discours dominant qu'elle dénonce elle-même. En revanche, ce que l'on peut retenir de Simone de Beauvoir c'est le fait que les jugements sur le « réel » et l' « artificiel », le « modèle » et la « copie », constituent toujours un jugement rétrospectif induit par un rapport de pouvoir. Le pénis comme « vrai » sexe, opposé à la fausseté, à l'artificialité du gode, masque mal l'historicité de la sexualité et des techniques qui ont participé à la naturalisation d'une pratique, parmi d'autres possibles, fondée sur le postulat de la binarité des sexes.

Beatriz Preciado propose une généalogie des « technologies du sexe » à partir des pratiques prothétiques. Elle cite notamment les travaux de Jules Amar directeur du « laboratoire de prothèse militaire et du travail professionnel » dans les années 1920, auteur en 1916 de *La prothèse et le travail des mutilés*. Il est l'un des premiers à travailler sur le corps des soldats mutilés afin d'élaborer des prothèses, de bras, de jambes, qui pourraient permettre de remettre ces corps au travail dans la grande machine industrielle. Comme le montre Preciado, il n'était pas question de travailler sur des prothèses sexuelles : l'amputé ou l'infirme ne doit pas être confondu avec l' « impuissant *i.e.* quelqu'un qui n'est pas capable d'un rétablissement fonctionnel »[1]. La prothèse sexuelle, le gode, marque ainsi la limite

---

1. Beatriz Preciado, *Manifeste contra-sexuel*, trad. M.-H. Bourcier, Paris, Balland, 2000, p. 118.

de l'ère industrielle prothétique : c'est que la prothèse, d'abord pensée comme un substitut artificiel, une copie mécanique d'un organe vivant, a modifié en profondeur l'appréhension même du corps. « Si le corps masculin (organes sexuels inclus) pouvait être construit prosthétiquement, il pourrait donc être aussi dé-construit, déplacé, et pourquoi pas remplacé. »[1]

Le privilège moderne de la maîtrise technique par les hommes se délite au gré du procès d'industrialisation capitaliste qui vise la maximalisation mécaniciste de la force de travail, où le facteur humain est progressivement maîtrisé par la technique elle-même. La grande industrie a ainsi opéré « ce singulier retournement de la relation instrumentale, [où] l'opérateur devient l'appendice de la machine »[2]. Or la condamnation et la pathologisation de ce qu'on pourrait appeler la technosexualité émergent au XIXe siècle, au moment même où le corps au travail est fragmenté dans le rapport de production capitaliste. Si les corps de l'ouvrier ou du soldat sont littéralement mis en morceaux, le « corps sexuel masculin » est lui maintenu dans une illusoire intégrité. Non pas le corps effectif de *tous les hommes* donc, mais plutôt l'incarnation d'un certain idéal bourgeois. Tout se passe comme si le pénis ne pouvait pas être prothétisé, détaché du corps. Cela ne signifie évidemment pas que la sexualité, tout comme le travail à

---

1. *Ibid.*
2. Grégoire Chamayou, « Préface », in Ernst Kapp, *Principes d'une philosophie de la technique,* 1877, trad. G. Chamayou, Paris, Vrin, 2007, p. 37.

*Technologies du sexe*

l'usine, ne faisait pas l'objet d' « agencements somato-techniques »[1], selon l'expression de Grégoire Chamayou. Toutefois, cet agencement somato-technique de la sexualité a précisément consisté à naturaliser les pratiques sexuelles pénétratives dans le seul cadre de l'hétérosexualité reproductrice. L'usage du gode est alors renvoyé à une déviance, une inversion, comme dans la pathologisation du lesbianisme.

Ainsi, la prothèse technologique ne vient pas tant suppléer l'organe vivant, qu'elle ne le transforme, dans le cadre d'un dispositif de pouvoir : l'homme est tout autant handicapé lorsqu'il ne possède plus l'usage de tel ou tel membre, que lorsqu'il est démuni de telle ou telle prothèse. Loin de faire retour vers la naturalité perdue du corps et de ses capacités « pures », Preciado montre, au contraire, l'impossibilité de tracer des limites nettes entre le « naturel » et l' « artificiel », entre le « corps » et la « machine », et conclut que « chaque développement technologique réinvente une "nouvelle condition naturelle" »[2]. Le gode permet ainsi de modifier la géographie érogène du corps, en la détachant de sa référence phallocentrique : il peut se placer dans la main, sur le pubis, mais aussi sur la jambe, le bras. Cette prolifération possible de suppléments pénétrants signale une « mutation du corps biologique » et permet un nouveau « récit technologique qui ne se laisse pas lire comme une transgres-

---

1. *Ibid.*, p. 38.
2. Beatriz Preciado, *Manifeste contra-sexuel, op. cit.*, p. 120.

sion de genre »[1]. C'est dans cette perspective qu'il faut comprendre le *Manifeste Cyborg* de Donna Haraway. Rompant avec un certain féminisme technophobe, elle perçoit l'urgence, pour la pensée et la pratique féministes, d'investir politiquement la technique. Le gode, tel qu'utilisé dans la sexualité lesbienne, pourrait constituer un bon exemple de cet investissement. Il n'est pas la marque d'un handicap, mais inaugure une nouvelle condition corporelle, de nouvelles potentialités, autonomisées de leur référent organique et bouleversant les rapports de pouvoir hétérosexistes. « Nous avons besoin de régénération, pas de renaissance, et le rêve utopique de l'espoir d'un monde monstrueux sans distinction de genre fait partie de ce qui pourrait nous reconstituer. »[2]

## La technologie pornographique ou la « vérité du sexe »

Les débats sur la pornographie au sein de la pensée féministe sont nombreux et des plus polémiques. Il n'est pas question ici d'en restituer la complexité, mais plutôt de proposer une généalogie de la pornographie, comprise comme technologie s'inscrivant dans le cadre plus large de la mise en place d'un « régime de véridiction »[3] – com-

---

1. Jeanne E. Hamming, « Dildonics, dykes and the detachable masculine », *European Journal of Women's Studie*s, n° 3, 2001, p. 339. Ma traduction.
2. Donna Haraway, *Manifeste cyborg, op. cit.,* p. 81.
3. « Le régime de véridiction, en effet, n'étant pas une certaine loi de la vérité, mais l'ensemble des règles qui permettent, à propos

prenant des normes du vrai et du faux – portant sur la « vérité du sexe » et sa subversion. La recherche porte donc sur les conditions qui ont dû être remplies pour que la pornographie constitue le sexe « vrai ». La question n'est pas de critiquer la pornographie comme une représentation illusoire du sexe : la critique porte sur les pratiques réelles qui ont établi à travers la pornographie un régime de vérité, qui partage le vrai et le faux. La pornographie est un objet historique compliqué (définition, chronologie, etc.), je m'attacherai donc ici à ce que j'appelle la « pornographie de masse » et qui me semble être ce qui fait problème et débat pour la pensée féministe.

En ce qui concerne la pornographie, les féministes se sont communément divisées en deux camps : celles pour qui la pornographie est par essence hétérosexiste, médium privilégié de la violence faite aux femmes et qui doit, à ce titre, être interdite ; celles pour qui la pornographie, en raison même de son statut de médium privilégié, via lequel une certaine vérité du sexe est produite et diffusée, constitue un enjeu de subversion des normes sexuelles. Dans une certaine mesure, les deux positions, si antagoniques soient-elles, partagent néanmoins un postulat commun : la pornographie est réputée représenter la « vérité du sexe ». Du côté des penseuses féministes qui se sont opposées à la pornographie, l'argument de Catharine MacKinnon, l'une des représentantes les plus intéres-

---

d'un discours donné, de fixer quels sont les énoncés qui pourront y être caractérisés comme vrais ou faux » (Michel Foucault, *Naissance de la biopolitique,* Paris, Gallimard / Le Seuil, 2004, p. 37).

santes de cette position prohibitionniste, est étroitement lié à la législation nord-américaine en matière de liberté d'expression. Selon elle, les films de l'industrie pornographique ne sont pas seulement des images, des représentations librement scénarisées de la sexualité, ils produisent et reproduisent la réalité de la sexualité, de l'hétérosexualité en tant qu'elle est par nature une violence faite aux femmes. L'acte sexuel est, dans la pensée de Catharine MacKinnon, un acte par essence sexiste : l'hétérosexualité est fondée sur une hiérarchie des rôles sexuels, elle est le fer de lance de la domination des femmes, elle est donc par définition violente. Aussi, toute pratique sexuelle – hétérosexuelle ou homosexuelle – qui implique une différenciation des rôles sexuels, par exemple, une différenciation même aléatoire ou temporaire, entre passif et actif, entre pénétré-e et pénétrant-e, entre objet de la jouissance et sujet de la jouissance, est par définition sexiste, dans la mesure où ces rôles de pouvoir sont articulés au féminin et au masculin. La réalité de la sexualité, et l'idée selon laquelle la pornographie révèle sa vérité – à savoir sa violence intrinsèque –, est donc prise au pied de la lettre par MacKinnon. À ce titre, les films pornographiques sont réels et montrent la vérité du sexe. Cette réalité est double : d'une part, les actrices des films ne « jouent » pas, elles ont réellement subi les scènes sexuelles qui sont filmées et donc elles ont réellement subi la violence intrinsèque de la sexualité ; d'autre part, les films produisent la sexualité « réelle » des hommes, c'est-à-dire la sexualité en tant qu'elle rend excitantes des femmes « exposées, humiliées, violées, dégradées, mutilées, amputées, attachées,

*Technologies du sexe*

bâillonnées, torturées et assassinées »[1] (MacKinnon fait ici en partie référence au *snuff movies*[2]). Ainsi parlant des hommes, spectateurs des films pornographiques et eux-mêmes acteurs (ils se masturbent et jouissent devant ces films), MacKinnon estime qu'« à travers les produits visuels, ils *font* ces choses en les regardant *pendant qu'elles sont faites. Ce qui est réel, ce n'est pas que ces produits sont des images, mais qu'ils font partie d'un acte sexuel* »[3]. Dans cette analyse, Catharine MacKinnon, estime que la caméra est un dispositif technique qui suppose de faire réellement ce qui sera alors capté sur la pellicule comme la réalité d'un acte – ici sexuel –, dans la mesure où le propre de la pornographie est non pas un acte sexuel feint, joué, mais un acte effectivement réalisé. En ce sens, Catharine MacKinnon a activement contribué à l'interdiction de la pornographie – hétérosexuelle, mais aussi gay, lesbienne, S/M ou *queer* –, récusant la protection du premier amendement en matière de liberté d'expression[4]. Nombre de penseuses féministes, opposées à MacKinnon, se sont intéressées, non pas à la pornographie comme vérité/réalité du sexe, mais aux mécanismes, aux techniques, de production de la représentation pornographique de la sexualité comme représentation véridique du sexe. La

---

1. Catharine MacKinnon, *Ce ne sont que des mots,* 1993 ; trad. I. Croix, J. Lahana, Paris, Des Femmes, 2007, p. 20.
2. Films qui mettent en scène un meurtre ou un viol supposément réels.
3. *Ibid.*
4. Cf. Catharine MacKinnon, *Le féminisme irréductible,* Paris, Des Femmes, 2005, et Judith Butler, *Le pouvoir des mots, op. cit.*

pornographie use de techniques de véridiction du sexe, c'est-à-dire qu'elle se donne comme vérité du sexe, ce qui assure – idéologiquement et économiquement – son statut de grand média initiatique du sexe.

En ce sens, Linda Williams, à partir du travail de Michel Foucault et de l'historien du cinéma Jean-Louis Comolli, analyse l'économie du visible à l'œuvre dans la production pornographique, qu'elle qualifie de « frénésie du visible », selon la traduction proposée par Marie-Hélène Bourcier dans son commentaire de Williams[1]. « [...] En étudiant Foucault, nous commençons à comprendre comment l'invention (cinématique) de la photographie est plus qu'une simple technologie d'enregistrement ; elle participe à cette véritable volonté de savoir/pouvoir de la *scientia sexualis* »[2]. La question n'est pas tant de contester la dimension éminemment hétérosexiste – mais aussi raciste – de la production pornographique de masse, mais plutôt d'analyser comment cette production se réalise comme vérité, invisibilisant tout autre production pornographique possible. C'est précisément parce que le film pornographique montre prétendument sans distance la vérité de la sexualité qu'il est perçu comme le meilleur médium d'apprentissage de la

---

1. Marie-Hélène Bourcier, *Queer Zones 2,* Paris, La Fabrique, 2005, p. 161.
2. Linda Williams, *Hard Core. Power, Pleasure, and the « Frenzy of the Visible »,* Berkeley, University of California Press, 1999, p. 48. Ma traduction.

*Technologies du sexe*

sexualité pour qui désire apprendre « comment » faire du sexe.

La construction du réalisme pornographique et l'idée selon laquelle la représentation réaliste (les films sont apparemment non stylisés, quasi exclusivement en couleur) correspond à une représentation véridique du sexe, s'articulent à trois techniques majeures d'exhibition que l'on pourrait subsumer sous ce que Linda Williams pense comme un même principe de « visibilité maximum » ; cette « visibilité maximum » étant la caractéristique du dispositif de savoir/pouvoir pornographique : la technique de morcellement des corps, l'enregistrement voyeuriste de l'orgasme, sous une forme sexuellement différenciée (la confession, ou l'aveu, pour l'orgasme féminin), enfin, l'image/temps phallocentrique.

Comme le souligne Williams, la première technique est celle du cadrage pornographique qui consiste à morceler les corps. Ce cadrage caractéristique dans l'industrie pornographique vise en gros plan les organes génitaux dans une volonté de savoir qui s'apparente à une saisie « scientifique » des organes génitaux. Cette technique reprend, à mon sens, les mêmes techniques de cadrage de l'anthropométrie moderne (saisie prétendument objective des caractères phénotypiques, quantification de ces caractères, classification de ces caractères, sélectionnés comme typiques, en classe d'individus – « races » d'hommes, « dégénéré-e-s », « criminel-le-s », etc.) adapté aux organes génitaux et tend à produire des stéréotypes génitaux : alors que tout pénis est nécessairement démesuré, les organes génitaux féminins – ainsi que les caractères sexuels secondaires comme les seins, par exemple – sont stéréotypés en classe de femmes (blondes/brunes, blanches/noires-asiatiques..., prudes/salopes, frigides/chaudes-nymphomanes, etc.). Aussi, corrélativement à la cinématique (hypothèse de Williams), on peut émettre l'hypothèse que l'ethnographie coloniale et l'anthropologie scientifique du XIXᵉ siècle ont largement contribué à la codification technique du champ visuel pornographique comme représentation véridique du sexe. La diffusion des clichés photographiques anthropologiques et ethnographiques, genre majeur de l'illustration scientifique, a largement débordé les collections savantes : cartes distribuées aux soldats de l'armée française en Afrique ou en Asie, souvenirs des expositions du Jardin d'Acclimation, des expositions universelles de la fin du XIXᵉ siècle et du début du XXᵉ siècle[1]. Le sujet colonial est un sujet de fascination sexuelle et raciale. Ce sont aussi les seuls corps nus, érotisés à outrance par le régime de véridiction scientifique lui-même, que l'on voit en famille et en toute « innocence ».

La deuxième technique est celle de l'enregistrement voyeuriste de l'orgasme, sous une forme sexuellement différenciée. Le développement de Linda Williams sur ce point précis est particulièrement intéressant. Elle analyse

---

1. Voir les cartes postales (1885-1930) de « scènes et types », Leïla Sebbar et Jean-Michel Belorgey, *Femmes d'Afrique du Nord*, Paris, Bleu autour, 2002, et Jennifer Yee, *Clichés de la femme exotique : un regard sur la littérature coloniale française entre 1871-1914*, Paris, L'Harmattan, 2000.

## Technologies du sexe

comment la vérité de la jouissance féminine est produite sous la forme de la confession involontaire ou de l'aveu. Le film pornographique de masse prend la forme d'un documentaire : contre la prétendue capacité féminine à feindre l'orgasme, il prétend saisir la vérité de l'orgasme féminin – y compris celui de l'actrice elle-même, d'où l'absence de reconnaissance du jeu des actrices[1]. L'actrice de film pornographique est une figure métonymique de la « nature féminine ». Cette recherche du « vrai » orgasme féminin est mise en scène par le scénario récurrent du viol dans les productions pornographiques de masse : « Dans ces scenarii [viol ou enlèvement] les éventuelles manifestations de plaisir de la victime non consentante sont offertes comme le genre de preuves d'une sincérité qui dans d'autres circonstances semblerait moins évidente. »[2] Le plaisir est comme produit mécaniquement, aux dépens de tout consentement – comme est produit mécaniquement le rictus par l'électricité, comme la crise hystérique est stimulée par la manipulation de Charcot[3] – il est saisi dans sa naturalité et provoqué, stimulé à l'infini comme une expérience qui n'en finit pas de confirmer une vérité. Dans cette perspective, les bruitages typiques de la production pornographique, les respirations haletantes et les cris spontanés féminins de jouissance accentuent encore le

---

1. Cf. Marie-Hélène Bourcier, *Queer Zone 2, op. cit.*, p. 168.
2. Linda Williams, *Hard Core, op. cit.*, p. 50. Ma traduction.
3. *Ibid.*, p. 53. Sur la crise hystérique on pourra lire Rachel Maines, *Technology of Orgasm, « Hysteria », the Vibrator, and Women's Sexual Satisfaction*, Baltimore, John Hopkins University Press, 1998.

niveau physiologique de la saisie du plaisir féminin : expressions réflexes, qui surviennent de façon incontrôlable, ils annihilent toute parole, soupçonnée mensongère, y compris toute expression articulée d'un refus ou d'un consentement. Enfin ce que nous appelons l'image/temps phallocentrique de la vérité pornographique renvoie à la temporalité même de la jouissance sexuelle. Le début et la fin d'une scène de sexe sont toujours finalisés par la jouissance masculine. Ce qui rythme le sexe – quand commence le « vrai » sexe et quand il finit – c'est exclusivement l'éjaculation masculine (renvoyant toute stimulation ou masturbation clitoridienne – et partant toute jouissance féminine effective – à des « préliminaires »). Et la jouissance masculine est communément toujours donnée à voir à l'extérieur du corps pénétré (vagin, bouche, anus) : le sperme est ce qui est maximalement visibilisé. Après que l'/les acteur-s aient éjaculé, ce qui « provoque » souvent magiquement la jouissance de l'actrice elle-même, la scène se termine.

La pornographie de masse est violente. Toutefois, l'enjeu n'est pas tant la condamnation de la pornographie comme étant *par essence* violente, mais plutôt la critique du régime de véridiction qu'elle institue en matière de sexualité. Une pornographie, non sexiste, non lesbophobe ou non raciste, n'est possible qu'à la condition de déplacer les codes et les techniques de la pornographie de masse : de marginaliser cette vérité du sexe en donnant à voir d'autres vérités sur l'orgasme féminin, le rapport au corps propre comme au corps autre (ce qui implique une critique des techniques d'altérisations liées au sexe, à la couleur, à la classe) ; en travaillant sur leurs conditions matérielles de possibilité : la connaissance de soi, de son anatomie, de sa santé, la parole exprimée et écoutée, le consentement, le jeu (entendu ici comme reconnaissance de la mobilité des positions de pouvoir dans les sexualités, mais aussi de la reconnaissance du « jeu » comme travail). Loin d'une esthétisation de la domination, une telle pornographie est l'une des rares politiques d'éducation sexuelle alternative[1], à charge pour ses détracteurs d'en initier d'autres.

## La police du réel vs les politiques trans

L'auto-identification sexuelle (au sens précis ici de l'auto-identification « homme » ou « femme ») est au cœur de la culture « trans » : transsexe ou transgenre, c'est-à-dire d'une auto-identification impliquant une démarche de réassignation médicale (chirurgicale et/ou hormonale), ou non[2]. Cette réassignation médicale est des plus réglementées en France (depuis 1992, la France autorise la rec-

---

1. On pourra par exemple visionner le travail d'Annie Sprinkle, ex-actrice de films pornographiques de masse, performeuse, éducatrice sexuelle et actrice de films pornographiques féministes et/ou lesbiens.
2. Je suis ici la distinction de Maud-Yeuse Thomas : « Je distingue ces deux types de mode transidentitaire pour mettre en perspective ces deux types de construction/développement, et non comme deux groupes homogènes et opposés (l'un change [de sexe] l'autre pas) », *in* « La controverse trans », *Mouvements,* octobre 2007, http://www.mouvements.info/spip.php?article174.

tification des documents de l'état civil sous condition du suivi par l'« autorité compétente », après avoir été condamnée par la Cour européenne des droits de l'homme pour violation de l'article 8 de la Convention relatif au respect de la vie privée) : les protocoles imposent des traitements lourds, une chirurgie souvent peu encline à améliorer ses techniques en vue du confort minimum de ses « patients » et un suivi psychiatrique drastique, extrêmement conservateur en matière de normes sexuelles. La raison en est que les personnes trans sont définies comme des personnes « malades » : pour la grande majorité des psychiatres, elles souffrent d'une « dysphorie de genre » ou d'une « inversion de l'identité de genre ».

Depuis 1980, la médecine classe officiellement le « transsexualisme » dans les « troubles de l'identité sexuelle » ou « dysphories de genre », à côté de l'« identité sexuelle ambiguë (identité hermaphrodite) ». Les deux classifications qui font autorité sont le *Diagnostic and Statistical Manual* (DSM IV) – le DSM est un outil de classification publié par l'Association américaine de psychiatrie – et la Classification internationale des maladies publiée par l'OMS. Les deux classifications seront révisées en 2008. Parmi les critères du trouble, on peut lire : « l'identification intense et persistante à l'autre sexe », « le sentiment persistant d'inconfort par rapport à son sexe, et aux comportements et rôles concomitants », enfin le fait que « l'affection est à l'origine d'une souffrance cliniquement significative ».

Toute demande de réassignation n'est donc acceptée que sur la base de ce postulat psychiatrique, ce que Karine

Espineira appelle le « chantage affectif, *"Donnez-moi l'opération, sinon je me suicide"* »[1]. Les personnes trans engagées dans les protocoles doivent donner des gages biographiques et psychologiques de leur mal-être, se narrer de telle sorte que la dimension pathologique de leur auto-identification soit patente (« Portiez-vous des robes enfant ? », « Aimiez-vous le rose ? », « Avez-vous toujours été un "garçon manqué" », etc.). « Puisqu'il n'y a que deux sexes et deux genres, que le sexe produit le genre – et surtout pas l'inverse bien entendu... –, tout ce qui dépasse, y compris l'introuvable continent noir de l'androgynie psychique, est potentiellement un trouble, un flou, une affection. Le paradigme binaire sexiste en toile de fond nourrit l'idée que ces "minorités sexuelles" sont troublées, malades, alors même que ces individu-e-s minorisé-e-s sont des minorités genrées qui défont le rapport dogmatique sexe = genre »[2]. Ici, le pouvoir ne « rectifie pas une erreur de la nature » comme dans le cas de l'intersexualité, il « soigne un trouble de la personnalité » : dans les deux cas le monopole de l'intervention technicienne légitime sur la *Nature* – par la médecine institutionnelle – est toujours préférable à la remise en cause de la cohérence du dispositif sexe, genre et sexualité par les transidentités[3].

---

1. Karine Espineira, « 2 Lesbotrans se posent des Q », in « ZOO. Q comme Queer », *Cahiers Gai Kitsch Camp,* n° 42, 1998, p. 103.
2. Maud-Yeuse Thomas, « La controverse trans », *op. cit.*
3. Voir le roman emblématique de Leslie Feinberg, *Stone Butch Blues* et son auto-identification comme « il/le » ou « san » *(« s/he », « hir »).*

*Sexe, genre et sexualités*

La pensée et la politique féministes ont longtemps été méfiantes à l'égard des personnes trans, les soupçonnant de renforcer la binarité sexuelle (soit homme, soit femme), au lieu de la contester ou de la renverser : concluant que les femmes trans, par exemple, ne peuvent pas être féministes puisqu'elles sont nées hommes. Or, pour légitimer cette relation de méfiance, certaines féministes ont souvent mobilisé des définitions plus ou moins naturalistes du sujet politique du féminisme[1] ( *« Nous, les femmes »* = nous, les femmes « nées femmes » ou « biologiques »), alors même qu'elles s'engageaient dans un processus de dénaturalisation du sexe grâce au concept critique de rapport de genre[2]. Pour la politique féministe, l'enjeu est d'autant plus problématique qu'il entérine de fait une certaine stratégie politique, le *« passing »,* comme seule stratégie possible pour les personnes trans, en particulier, et pour toutes les personnes en général. Le *« passing »* (littéralement « passer pour ») est communément connu dans le contexte du racisme, principalement celui du système ségrégationniste des États-Unis et de son adage « égaux, mais séparés »[3]. L'expression est aujourd'hui employée par les personnes trans. Or, « passer pour » un homme ou une femme équivaut à tenter de passer pour réaliste, selon les règles et contraintes

---

1. Pour une réflexion sur le sujet politique des mouvements trans, Kate Bornstein, *Gender Outlaw, op. cit.*
2. Cf. Pat Califia, *Le mouvement transgenre. Changer de sexe,* 1997, trad. P. Ythier, Paris, EPEL, 2003.
3. L'écrivain américain Philip Roth a consacré l'un de ses derniers romans à ce *topos* de l'histoire étatsunienne : *La tâche,* Paris, Folio, 1994.

prédéfinies du réel communément admis. Dans un tel contexte, « passer pour » nécessite de se soumettre aux règles et contraintes de l'hétérosexisme, en tant qu'il définit les frontières des identités, des représentations et des prérogatives du masculin et du féminin : être une femme ou être un homme, sont des identités produites dans le cadre d'un système de rapports qui entérinent une division sexuelle du travail de production et de reproduction (comprenant l'assignation des femmes au travail domestique et plus généralement aux fonctions à faible valeur sociale ajoutée), une socialité différentielle (espaces de socialité, activités de socialisation, *éthos* socialisé), qui implique un accès asymétrique à des ressources sociales, telles que la violence. Espace public, espace professionnel, espace privé, le *« passing »*, comme stratégie individuelle et politique trouve ses limites dans le fait que l'hétérosexisme s'apparente alors à une validation efficiente de son identité sexuelle, comme plausible, réaliste et, au jour le jour, viable. Cette stratégie du *passing* tient au fait que les personnes trans sont constamment renvoyées au ban de l'humanité. En ce sens, on pourrait les inscrire dans la longue histoire des *parias*, telle qu'écrite par Eleni Varikas. Comme figure d'« abjection », le paria est contraint d'édifier sa propre subjectivité déshumanisée dans « la tyrannie de l'hétéro-définition »[1]. « Le paria n'est donc pas seulement une figure de l'exclusion politique et sociale. Dans un système de légitimation qui fait de l'humanité commune la source de l'égalité des droits, la non-reconnaissance de ses

1. Eleni Varikas, *Les rebuts du monde, op. cit.*, p. 74.

*Sexe, genre et sexualités*

droits fait peser un soupçon sur sa pleine et entière humanité et tend à associer à son infériorité sociale une infériorité anthropologique. »[1]

Toutefois, les *praxis* trans féministes ont fait de cette position d'abjection imposée un lieu de contestation radicale. Comme l'écrit Pat Califia : « Aujourd'hui, les personnes transgenres remettent plus souvent en cause le système binaire : au lieu de revendiquer le droit à être soigné pour un problème physique ou mental (dysphorie de genre), elles demandent au reste de la société de changer ses conceptions du genre. Au lieu de s'évertuer à s'intégrer, certains activistes transgenres considèrent que la crédibilité est un privilège qui ne fait que cautionner un système binaire, polarisé et oppressif. La personne transgenre qui choisit d'afficher son ambiguïté suit une démarche similaire à celle d'un homosexuel qui sort du placard. »[2] Il s'agit donc d'interroger les limites des identités sexuelles et de défier l'hétérosexisme, dans un corps à corps avec la « police du genre », avec ce qu'il convient d'appeler ici une véritable *police du réel* : « Au risque de perdre une certaine sécurité en se séparant d'une ontologie établie [...] Lorsque l'irréel revendique sa réalité, ou lorsqu'il s'engage dans son domaine, on assiste à autre chose qu'à une simple assimilation aux normes dominantes. Les normes elles-mêmes peuvent être ébranlées, trahir leur instabilité et s'ouvrir à la resignification. »[3] Pour

---

1. *Ibid.,* p. 67-68.
2. Pat Califia, *Le mouvement transgenre, op. cit.,* p. 287.
3. Judith Butler, *Défaire le genre, op. cit.,* p. 41-42.

*Technologies du sexe*

Judith Butler, le corps est, en partie, ce par quoi s'instituent « de nouveaux modes de réalité »[1], au sens où les normes que l'on tente de, ou que l'on contribue à, modifier, voire à créer, sont incorporées, en dépit de la palette plus ou moins violente des rappels à la norme, des rappels à la réalité auxquels on s'expose. La question des « genres possibles »[2], des identités sexuelles qui, parce qu'elles prétendent à la réalité, contestent la distinction établie entre ce qui est considéré comme réel et ce qui est considéré comme irréel, pathologiques ou monstrueux, ne doit pas être pensée comme un « luxe que s'offrent ceux qui veulent étendre la liberté bourgeoise de manière excessive [...]. Il ne s'agit pas de produire un futur pour des genres qui n'existent pas encore, écrit Judith Butler. Les genres que j'ai en tête, conclut-elle, existent depuis longtemps, mais n'ont pas encore été admis dans les termes qui gouvernent la réalité. Il s'agit de développer, dans la loi, dans la psychiatrie, dans la théorie sociale et littéraire un nouveau lexique légitimant la complexité du genre dans laquelle nous avons toujours vécu. Les normes qui gouvernent la réalité n'ayant pas admis que ces formes sont réelles, nous les appellerons, par nécessité, "nouvelles" »[3].

1. *Ibid.,* p. 43.
2. *Ibid.,* p. 44.
3. *Ibid.,* p. 45.

# PHILOSOPHIES

1. Galilée, Newton lus par Einstein. Espace et relativité (4ᵉ édition), *par Françoise Balibar*
2. Piaget et l'enfant (2ᵉ édition), *par Liliane Maury*
3. Durkheim et le suicide (4ᵉ édition), *par Christian Baudelot et Roger Establet*
4. Hegel et la société (2ᵉ édition), *par Jean-Pierre Lefebvre et Pierre Macherey*
5. Condorcet, lecteur des Lumières (2ᵉ édition), *par Michèle Crampe-Casnabet* (*épuisé*)
6. Socrate (4ᵉ édition), *par Francis Wolff*
7. Victor Hugo philosophe, *par Jean Maurel*
8. Spinoza et la politique (4ᵉ édition), *par Étienne Balibar*
9. Rousseau. Économie politique (1755), *par Yves Vargas* (*épuisé*)
10. Carnot et la machine à vapeur, *par Jean-Pierre Maury*
11. Saussure. Une science de la langue (3ᵉ édition), *par Françoise Gadet*
12. Lacan. Le sujet (3ᵉ édition), *par Bertrand Ogilvie*
13. Karl Marx. Les Thèses sur Feuerbach, *par Georges Labica*
14. Freinet et la pédagogie, *par Liliane Maury*
15. Le « Zarathoustra » de Nietzsche (2ᵉ édition), *par Pierre Héber-Suffrin*
16. Kant révolutionnaire. Droit et politique (2ᵉ édition), *par André Tosel*
17. Frankenstein : mythe et philosophie (2ᵉ édition), *par Jean-Jacques Lecercle*
18. Saint Paul, *par Stanislas Breton*
19. Hegel et l'art (2ᵉ édition), *par Gérard Bras*
20. Critiques des droits de l'homme, *par Bertrand Binoche*
21. Machiavélisme et raison d'État, *par Michel Senellart*
22. Comte. La philosophie et les sciences, *par Pierre Macherey*
23. Hobbes. Philosophie, science, religion, *par Pierre-François Moreau*
24. Adam Smith. Philosophie et économie, *par Jean Mathiot*
25. Claude Bernard. La révolution physiologique, *par Alain Prochiantz*
26. Heidegger et la question du temps (4ᵉ édition), *par Françoise Dastur*
27. Max Weber et l'histoire, *par Catherine Colliot-Thélène*
28. John Stuart Mill. Induction et utilité, *par Gilbert Boss*
29. Aristote. Le langage, *par Anne Cauquelin*
30. Robespierre. Une politique de la philosophie, *par Georges Labica*
31. Marx, Engels et l'éducation, *par Lê Thành Khôi*
32. La religion naturelle, *par Jacqueline Lagrée*
33. Aristote et la politique (2ᵉ édition), *par Francis Wolff*
34. Sur le sport, *par Yves Vargas*
35. Einstein 1905. De l'éther aux quanta, *par Françoise Balibar*
36. Wittgenstein : philosophie, logique, thérapeutique, *par Grahame Lock*
37. Éducation et liberté. Kant et Fichte, *par Luc Vincenti*
38. Le fétichisme. Histoire d'un concept, *par Alfonso Iacono*

39. Herbert Marcuse. Philosophie de l'émancipation, *par Gérard Raulet*
40. Un droit de mentir ? Constant ou Kant, *par François Boituzat*
41. Les émotions de Darwin à Freud, *par Liliane Maury*
42. Le travail. Économie et physique, 1780-1830, *par François Vatin*
43. Bachelard et la culture scientifique, *par Didier Gil*
44. Leibniz et l'infini, *par Frank Burbage et Nathalie Chouchan*
45. C. S. Peirce et le pragmatisme, *par Claudine Tiercelin*
46. La déconstruction. Une critique, *par Pierre V. Zima*
47. Jeremy Bentham. Le pouvoir des fictions, *par Christian Laval*
48. Pierre Bayle et la religion, *par Hubert Bost*
49. Marcel Mauss. Le fait social total, *par Bruno Karsenti*
50. Mallarmé. Poésie et philosophie, *par Pierre Campion*
51. Maurice Halbwachs. Consommation et société, *par Christian Baudelot et Roger Establet*
52. Descartes et les « Principia » II. Corps et mouvement, *par Frédéric de Buzon et Vincent Carraud*
53. La causalité de Galilée à Kant, *par Elhanan Yakira*
54. Deleuze. Une philosophie de l'événement, *par François Zourabichvili*
55. Jean Cavaillès. Philosophie mathématique, *par Hourya Sinaceur*
56. Pascal. Figures de l'imagination, *par Gérard Bras et Jean-Pierre Cléro*
57. Pascal. Contingence et probabilités, *par Catherine Chevalley*
58. Vico et l'histoire, *par Paolo Cristofolini*
59. Diderot et le drame. Théâtre et politique, *par Alain Ménil*
60. Husserl. Des mathématiques à l'histoire, *par Françoise Dastur*
61. Dieu et les créatures selon Thomas d'Aquin, *par Laurence Renault*
62. Les « Principia » de Newton, *par Michel Blay*
63. Berkeley. L'idée de nature, *par Roselyne Dégremont*
64. Marx et l'idée de critique, *par Emmanuel Renault*
65. La différence des sexes, *par Geneviève Fraisse*
66. Fénelon et l'amour de Dieu, *par Denise Leduc-Fayette*
67. Montesquieu. Politique et richesses, *par Claude Morilhat*
68. Érasme. Humanisme et langage, *par Paul Jacopin et Jacqueline Lagrée*
69. Spinoza. Chemins dans l' « Éthique », *par Paolo Cristofolini*
70. Bertrand Russell. L'atomisme logique, *par Ali Benmakhlouf*
71. La finalité dans la nature. De Descartes à Kant, *par Colas Duflo*
72. Montaigne philosophe, *par Ian Maclean*
73. Kant. Histoire et citoyenneté, *par Gérard Raulet*
74. Hannah Arendt. Politique et événement, *par Anne Amiel*
75. Les stoïciens et l'âme, *par Jean-Baptiste Gourinat*
76. Descartes. La géométrie de 1637, *par Vincent Jullien*
77. La tolérance. Société démocratique, opinion, vices et vertus, *par Patrick Thierry*
78. Machiavel. Le pouvoir du prince, *par Georges Faraklas*
79. Aristote. La justice et la Cité, *par Richard Bodéüs*
80. Guillaume d'Ockham. Logique et philosophie, *par Joël Biard*
81. La philosophie de la nature de Hegel, *par Alain Lacroix*

82. Kierkegaard. Existence et éthique, *par André Clair*
83. Le scepticisme de Montaigne, *par Frédéric Brahami*
84. Montesquieu. Les « Lettres persanes », *par Céline Spector*
85. Les philosophies de l'environnement, *par Catherine Larrère*
86. Kant. Les idées cosmologiques, *par Paul Clavier*
87. Gottlob Frege. Logicien, philosophe, *par Ali Benmakhlouf*
88. Platon et la cité, *par Jean-François Pradeau*
89. William James. Empirisme et pragmatisme, *par David Lapoujade*
90. La Mettrie. Un matérialisme radical, *par Claude Morilhat*
91. Rousseau. L'énigme du sexe, *par Yves Vargas*
92. Moore et la philosophie analytique, *par René Daval*
93. Après Wittgenstein, saint Thomas, *par Roger Pouivet*
94. Le jeu. De Pascal à Schiller, *par Colas Duflo*
95. Dilthey. Conscience et histoire, *par Leszek Brogowski*
96. La « science nouvelle » de l'économie politique. François Quesnay, *par Philippe Steiner*
97. La sémantique de Davidson, *par François Rivenc*
98. Diderot et le matérialisme, *par Jean-Claude Bourdin*
99. Erwin Goffman et la microsociologie, *par Isaac Joseph*
100. Foucault et la folie, *par Frédéric Gros*
101. Buffon. La nature et son histoire, *par Amor Cherni*
102. Dostoïevski. Roman et philosophie, *par Michel Eltchaninoff*
103. Canguilhem et les normes, *par Guillaume le Blanc*
104. Mach, un physicien philosophe, *par Xavier Verley*
105. Musique et philosophie à l'âge classique, *par André Charrak*
106. Les libertins érudits en France au XVIIe siècle, *par Françoise Charles-Daubert*
107. Descartes, Leibniz - Les vérités éternelles, *par Laurence Devillairs*
108. Schelling. De l'absolu à l'histoire, *par Pascal David*
109. Habermas et la sociologie, *par Stéphane Haber*
110. Gassendi, Pascal et la querelle du vide, *par Simone Mazauric*
111. Bichat, la vie et la mort, *par Philippe Huneman*
112. Bodin et la souveraineté, *par Jean-Fabien Spitz*
113. Rabelais : une anthropologie humaniste des passions, *par Emmanuel Naya*
114. Hegel. Temps et histoire, *par Jean-Marie Vaysse*
115. Aristote et la juste mesure, *par Marie-Hélène Gauthier-Muzellec*
116. Fichte et Hegel. La reconnaissance, *par Franck Fischbach*
117. Simondon. Individu et collectivité, *par Muriel Combes*
118. Clausewitz et la guerre, *par Hervé Guineret*
119. Bruno, l'infini et les mondes, *par Antonella del Prete*
120. L'homme et l'animal. La philosophie antique, *par Thierry Gontier*
121. Hume et la régulation morale, *par Éléonore Le Jallé*
122. Maine de Biran. Sujet et politique, *par Agnès Antoine*
123. Pensée symbolique et intuition, *par Michel Bourdeau*
124. Le rythme grec d'Héraclite à Aristote, *par Pierre Sauvanet*
125. G. T. Fechner, le parallélisme psychophysiologique, *par Isabelle Dupéron*

126. Aristote. La Métaphysique, *par Annick Jaulin*
127. La chimie selon Kant, *par Mai Lequan*
128. Atome et nécessité, *par Pierre-Marie Morel*
129. Avicenne. L'âme humaine, *par Meryem Sebti*
130. Le goût. Art, passions et sociétés, *par Fabienne Brugère*
131. Kelsen et Hart. La norme et la conduite, *par Emmanuel Picavet*
132. Franz Rosenzweig. Existence et philosophie, *par Gérard Bensussan*
133. Lectures de Kant. Le problème du dualisme, *par Christophe Bouriau*
134. Comenius. L'utopie du paradis, *par Olivier Cauly*
135. Feyerabend. Épistémologie, anarchisme et société libre, *par Emmanuel Malolo Dissakè*
136. Rousseau et le contrat social, *par Lelia Pezzillo*
137. Sartre. Conscience, ego et psychè, *par Jean-Marc Mouillie*
138. Leibniz et le langage, *par Frédéric Nef*
139. Nietzsche. La volonté de puissance, *par Pierre Montebello*
140. Ramsey. Vérité et succès, *par Jérôme Dokic et Pascal Engel*
141. Nietzsche et la biologie, *par Barbara Stiegler*
142. Montesquieu et les passions, *par Jean Goldzink*
143. Friedrich Nietzsche, *par Mazzino Montinari*
144. Dieu, l'ordre et le nombre, *par Jean-Marc Rohrbasser*
145. Lucrèce. Atomes, mouvement physique et éthique, *par Alain Gigandet*
146. Quine, Davidson. Le principe de charité, *par Isabelle Delpla*
147. Hermann Cohen, *par Éric Dufour*
148. Philosophie et littérature, *par Philippe Sabot*
149. Art, représentation, expression, *par Jean-Pierre Cometti*
150. Ce que fait l'art, *par Marie-Dominique Popelard*
151. Heinrich Hertz. L'administration de la preuve, *par Michel Atten et Dominique Pestre*
152. Hilary Putnam, l'héritage pragmatiste, *par Claudine Tiercelin*
153. Voir et connaître à l'âge classique, *par Philippe Hamou*
154. Simone Weil. L'attention et l'action, *par Joël Janiaud*
155. Temps et causalité, *par Sacha Bourgeois-Gironde*
156. Michel Foucault et les prisons, *par François Boullant*
157. Jeremy Bentham, les artifices du capitalisme, *par Christian Laval*
158. Lucrèce. L'âme, *par Pierre-François Moreau*
159. Fichte (1801-1803). L'émancipation philosophique, *par Jean-Christophe Goddard*
160. Le tournant herméneutique de la phénoménologie, *par Jean Grondin*
161. L'Écosse des Lumières, *par Norbert Waszek*
162. Gilles Deleuze. Cinéma et philosophie, *par Paola Marrati*
163. Jefferson-Madison, un débat sur la république, *par Annie Lechenet*
164. Hume. L'identité personnelle, *par Franck Salaün*
165. Voir le visible : la seconde philosophie de Wittgenstein, *par Christiane Chauviré*
166. Éthique de la promesse, *par Mohamed Nachi*

167. Alfred Schutz et le projet d'une sociologie phénoménologique, *par Frédéric Tellier*
168. Kant et Épicure. Le corps, l'âme, l'esprit, *par Alain Boyer*
169. Karl Popper. Langage, falsificationnisme et science objective, *par Emmanuel Malolo Dissakè*
170. Ludwig Wittgenstein. Introduction au « Tractatus logico-philosophicus », *par Mathieu Marion*
171. Wittgenstein et le tournant grammatical, *par Antonia Soulez*
172. Rousseau. Religion et politique, *par Ghislain Waterlot*
173. Adorno. Langage et réification, *par Gilles Moutot*
174. Galilée. Le « Dialogue sur les deux grands systèmes du monde », *par Marta Spranzi*
175. Malebranche. Les « Conversations chrétiennes », *par Frédéric de Buzon*
176. Hume. Probabilité et choix raisonnable, *par Hélène Landemore*
177. Levinas. La responsabilité est sans pourquoi, *par Agata Zielinski*
178. Castoriadis, *par Nicolas Poirier*
179. Lévi-Strauss et la pensée sauvage, *par Frédéric Keck*
180. Le scepticisme de Hume. Les « Dialogues sur la religion naturelle », *par Marianne Groulez*
181. Shaftesbury. Le sens moral, *par Michaël Biziou*
182. Merleau-Ponty. Le corps et le sens, *par Clara da Silva-Charrak*
183. Kripke. Référence et modalités, *par Filipe Drapeau Vieira Contim et Pascal Ludwig*
184. Les philosophies clandestines à l'âge classique, *par Gianni Paganini*
185. La philosophie stoïcienne, *par Valéry Laurand*
186. Dennett : un naturalisme en chantier, *par John Symons*
187. Simone de Beauvoir philosophe, *par Michel Kail*
188. Ricoeur, Derrida. L'enjeu de la métaphore, *par Jean-Luc Amalric*
189. Le Cercle de Vienne, *par Mélika Ouelbani*
190. Tocqueville et les frontières de la démocratie, *par Nestor Capdevila*
191. Art, connaissance et vérité chez Nietzsche, *par Hubert Vincent*
192. Machiavel et la tradition philosophique, *par Marie Gaille*
193. Sécularisation et laïcité, *par Jean-Claude Monod*
194. Sexe, genre et sexualités, *par Elsa Dorlin*
195. Philosophe et judaïsme : H. Cohen, F. Rosenzweig, E. Levinas, *par Sophie Nordmann*
196. Piaget et la conscience morale, *par Laurent Fedi*
197. Derrida/Searle. Déconstruction et langage ordinaire, *par Raoul Moati*
198. Guerre juste, guerre injuste. Histoire, théories et critiques, *par Christian Nadeau et Julie Saada*
199. Islam et politique à l'âge classique, *par Makram Abbès*
200. Althusser et la psychanalyse, *par Pascale Gillot*
201. Heidegger. Sens et histoire (1912-1927), *par Servanne Jollivet*
202. Le cheminement de la pensée selon Émile Meyerson, *par Frédéric Fruteau de Laclos*

203. Rawls. Justice et équité, *par Soumaya Mestiri*
204. Comprendre la pauvreté. John Rawls - Amartya Sen, *par Danielle Zwarthoed*
205. L'immanence de l'ego, *par Christiane Chauviré*
206. Deleuze et l'Anti-Œdipe. La production du désir, *par Guillaume Sibertin-Blanc*
207. Care, justice et dépendance, *par Marie Garrau et Alice Le Goff*
208. Après Canguilhem : définir la santé et la maladie, *par Élodie Giroux*
209. Bacon et la promotion des savoirs, *par Chantal Jaquet*
210. Bergson. Mystique et philosophie, *par Anthony Feneuil*
211. L'identité, une fable philosophique, *par Ali Benmakhlouf*
212. Descartes. Une politique des passions, *par Delphine Kolesnik*
213. Vulnérabilité et autonomie dans la pensée de Martha C. Nussbaum, *par Pierre Goldstein*
214. Bourdieu et la démocratisation de l'éducation, *par Braz Adelino*
215. Lyotard et l'aliénation, *par Claire Pagès*
216. Stanley Cavell, le cinéma et le scepticisme, *par Élise Domenach*

Imprimé en France
par JOUVE
1, rue du Docteur Sauvé, 53100 Mayenne
avril 2014 - N° 2154360V

JOUVE est titulaire du label imprim'vert®